ALFRED SCHMELA

ZUM 100. GEBURTSTAG
A CENTENARY EXHIBITION

Herausgegeben von / Edited by
Susanne Gaensheimer,
Doris Krystof, Linda Walther

KERBER ART

Kunstsammlung
Nordrhein-Westfalen

Susanne Gaensheimer
Vorwort 5

Robert Rademacher
Persönliche Erinnerungen an Alfred Schmela 8

Lena Brüning
Alfred Schmela: Pionier, Provokateur, Initiator 11

Susanne Gaensheimer
Foreword 65

Robert Rademacher
Personal Memories of Alfred Schmela 66

Lena Brüning
Alfred Schmela: Pioneer, Provocateur, Initiator 67

LEBENSLAUF / BIOGRAPHY 73

AUSSTELLUNGSVERZEICHNIS / LIST OF EXHIBITIONS 74

ABBILDUNGS- UND FOTONACHWEIS / LIST OF ILLUSTRATIONS AND PHOTOS 77

IMPRESSUM / COLOPHON 78

Susanne Gaensheimer
Direktorin, Kunstsammlung Nordrhein-Westfalen

VORWORT

Alfred Schmela (1918–1980) hat innerhalb seiner dreiundzwanzigjährigen Galerietätigkeit entscheidend dazu beigetragen, dass sich das Rheinland zu einem wichtigen Zentrum der internationalen Kunstszene entwickeln konnte. Er hat ab 1957 Pionierarbeit geleistet und die Werke vieler herausragender, heute berühmter Künstler bereits zu einem sehr frühen Zeitpunkt in seiner Düsseldorfer Galerie präsentiert, die in den späten 50er-, in den 60er- und 70er-Jahren einen zentralen Knotenpunkt im internationalen Kunstnetzwerk darstellte. Legendär sind die Aktionen und Ausstellungen von Joseph Beuys, der Gruppe ZERO und den Vertretern des Kapitalistischen Realismus in der Galerie Schmela. Doch auch über Düsseldorf und das Rheinland hinaus reichten die Aktivitäten des als besonders charismatisch geltenden Galeristen, der zum Ingenieur ausgebildet worden war und sich auch selbst als Künstler versucht hatte. Beispielsweise waren die Künstler des *Nouveau Réalisme* – u. a. Yves Klein und Arman – innerhalb der ersten zehn Jahre des Bestehens der Galerie Schmela mit Erstausstellungen vertreten. Zu demselben frühen Zeitpunkt fanden ebenfalls die Werke amerikanischer Künstler ihre Wege über Schmela nach Deutschland: Abstrakten Expressionismus, Pop Art und Color Field Painting vermittelte er erfolgreich.

Kaum ein Künstler aus seinem Programm hat es bis heute nicht zu internationalem Ruhm gebracht. Private Sammlerinnen und Sammler haben bei Schmela gekauft, und renommierte Museen wussten sein Gespür zu schätzen, darunter die Kunstsammlung Nordrhein-Westfalen, die sich in den 1970er-Jahren großformatige Gemälde von Sam Francis und Ellsworth Kelly bei ihm sicherte. Seit 2014 ist das von Gerhard Richter gemalte Portrait des Galeristen, das der Gesellschaft der Freunde der Kunstsammlung Nordrhein-Westfalen von einer großzügigen Sammlerin geschenkt worden war, als Dauerleihgabe Teil der Kunstsammlung. Eine weitere, ganz spezielle Verbindung der Landessammlung zu Schmela besteht darin, dass sein von Aldo van Eyck geplantes, prägnantes Galeriegebäude seit nahezu zehn Jahren als dritter Standort der Kunstsammlung Nordrhein-Westfalen genutzt wird.

So lag es für uns also mehr als nahe, den 100. Geburtstag dieses Ausnahmegaleristen mit einer Ausstellung in seinem Haus – übrigens bei der Eröffnung im Jahr 1971 das erste eigens zu diesem Zweck geplante Galeriegebäude der Bundesrepublik – zu feiern! Der Zufall wollte es, dass Doris Krystof, Kuratorin an der Kunstsammlung Nordrhein-Westfalen, Schmelas Enkelin und

Kunstmarktexpertin Lena Brüning kennenlernte, die zurzeit eine Dissertation über das Wirken ihres Großvaters vorbereitet, und sie als Gastkuratorin für dieses besondere Ausstellungsprojekt gewinnen konnte. Beiden danke ich für ihre Ideen, ihren Einsatz und für diese wunderbare Ausstellung, die pointiert ausgewählte Werke von Künstlern, die einst von Schmela vertreten wurden, mit aussagekräftigen, teils bisher nicht gezeigten Archivmaterialien kombiniert. Sie macht das breite, internationale Spektrum des Galerieprogramms Alfred Schmelas sichtbar und bietet erhellende Einblicke in dessen spezifische Arbeitsweise.

Obwohl der Kunstmarkt des 20. Jahrhunderts mit seinen Akteuren, Strukturen und Mechanismen seit den 1980er-Jahren verstärkt von der kunsthistorischen Forschung untersucht wird, wurde bislang keine Ausstellung zur Galerie Schmela realisiert. Wir freuen uns darüber, dieses Versäumnis nun nachzuholen und einen Einblick in das nachhaltige Wirken dieses „Wegbereiters der Avantgarde" zu geben. Neben Lena Brüning und Doris Krystof möchte ich Linda Walther danken, die die kuratorische Assistenz für die Ausstellung übernommen hat. Vonseiten des Ausstellungsmanagements war Charlotte Wagner-de Souza Silveira beteiligt, die ebenfalls entscheidend zum Gelingen des Projektes beigetragen hat – auch ihr sei herzlich gedankt. Auch allen Mitarbeiterinnen und Mitarbeitern der Kunstsammlung Nordrhein-Westfalen, die diese Ausstellung möglich gemacht haben, gilt mein großer Dank – zu nennen sind besonders Katharina Nettekoven und Johanna Eßer, Registrars; Otto Hubacek und sein Team, Restaurierung; Cordula Frevel, Publishing. Ebenfalls sei den Kolleginnen und Kollegen aus den Abteilungen Kommunikation, Technik und Bildung an dieser Stelle herzlich gedankt. Außerdem danke ich sehr herzlich unseren externen Kooperationspartnern: Adeline Morlon für die wunderbare Kataloggestaltung, der Familie Schmela für die wertvolle Unterstützung und den Archiven sowie den Fotografinnen und Fotografen, welche die Ausstellung durch Dokumentationsmaterial bereichert haben. Mein besonderer Dank gilt der Gesellschaft der Freunde der Kunstsammlung Nordrhein-Westfalen und ihrem Vorstandsvorsitzenden Robert Rademacher, die die Ausstellung aufs Großzügigste unterstützt hat und ohne die *Alfred Schmela zum 100. Geburtstag* schlichtweg nicht möglich gewesen wäre.

Sam Francis: *St. Honoré*, 1952/53

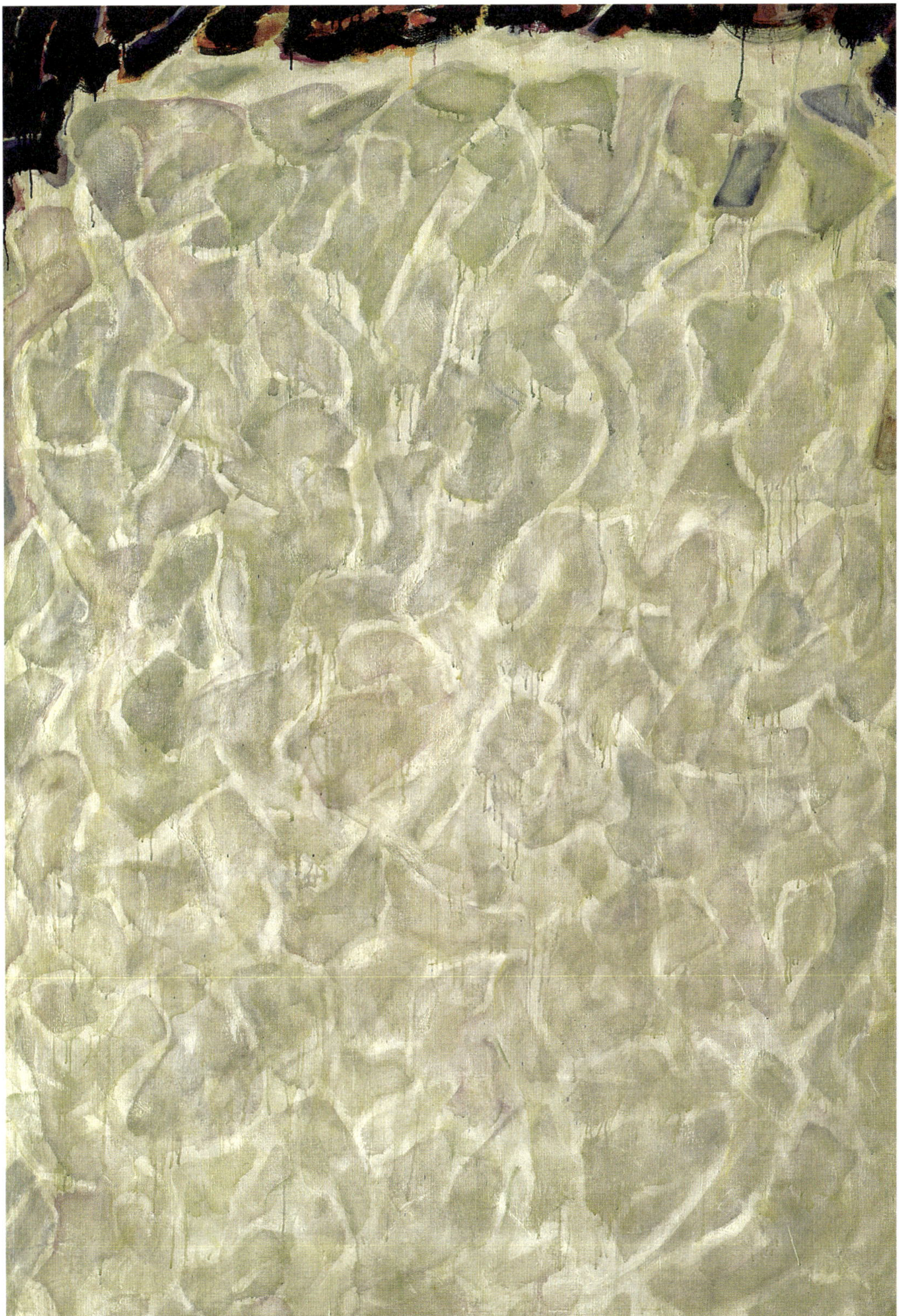

Robert Rademacher
Vorstandsvorsitzender, Gesellschaft der Freunde der Kunstsammlung Nordrhein-Westfalen

PERSÖNLICHE ERINNERUNGEN AN ALFRED SCHMELA

Kennengelernt habe ich Alfred Schmela leider erst 1972, ein Jahr nachdem er sein Galeriehaus an der Mutter-Ey-Straße eröffnet hatte. Dieses spektakuläre Gebäude war einer der Gründe, die Galerie Schmela zu besuchen. Kölner Freunde hatten mir den dringenden Hinweis gegeben, wenn ich mich wirklich für zeitgenössische Kunst interessieren würde, dann müsse ich unbedingt einmal diesen Düsseldorfer Galeristen besuchen, der sehr interessante Künstler zeige und auch selbst eine eindrucksvolle Persönlichkeit wäre. Darüber hinaus habe er sich von einem angesehenen holländischen Architekten nicht nur einen Galerieraum, sondern – man solle es kaum für möglich halten – ein ganzes Galeriehaus bauen lassen. Das hatte es in Deutschland zuvor noch nicht gegeben!

So marschierte ich also in die Mutter-Ey-Straße und traf Alfred Schmela höchstselbst an. Mit der „eindrucksvollen Persönlichkeit" hatten meine Freunde nicht übertrieben. Alfred Schmela führte mich durch die gerade laufende Ausstellung. Sie zeigte Arbeiten des mir bis dahin unbekannten Künstlers Ulrich Erben. Besonders gut gefiel mir ein weißes Bild. Bei genauerem Hinsehen entdeckte man, dass es auf diesem Bild drei – ebenfalls weiße – Rechteckfelder mit einer etwas anderen Oberflächenstruktur gab. Alfred Schmela erklärte mir, dass es sich um ein Landschaftsbild handele. Was ich sähe, sei die flache Landschaft am Niederrhein, also der Gegend, wo der Künstler lebe und arbeite. Je länger ich das Bild betrachtete, desto mehr Landschaft sah ich tatsächlich. Ich erkundigte mich nach dem Preis. Alfred Schmela nannte 6.000 DM. Meinem Gesicht muss er wohl angesehen haben, dass mir das für einen Spontankauf etwas zu viel war. So fragte er mich in seiner unnachahmlichen Art, wie viel Geld ich denn hätte. Ich zögerte etwas mit der Antwort. Er setzte nach: „Haste tausend Mark im Monat?" Als ich das bejahte, war alles Weitere sehr einfach: „Dann zahlste sechs mal tausend, und dat Bild is dir!" Heute – nach 46 Jahren – kann ich gar nicht mehr verstehen, dass man auf diesem monochromen Bild nicht sofort eine „Landschaft" erkennt.

Fortan war ich häufiger in der Galerie Schmela. Mit dem „fatalen" Ergebnis, dass oftmals mehrere Ratenzahlungsvereinbarungen parallel liefen. Alfred Schmela hatte halt ein „Herz für Kinder", also für leichtsinnige, junge Sammler. Aus heutiger Sicht hätte man allerdings noch deutlich leichtsinniger sein sollen. Denn den Empfehlungen von Alfred Schmela zu folgen, hat sich in keinem mir bekannten Fall als nicht vorteilhaft erwiesen.

Das Galeriehaus in der Mutter-Ey-Straße / The gallery building on Mutter-Ey-Straße, ca. 1971

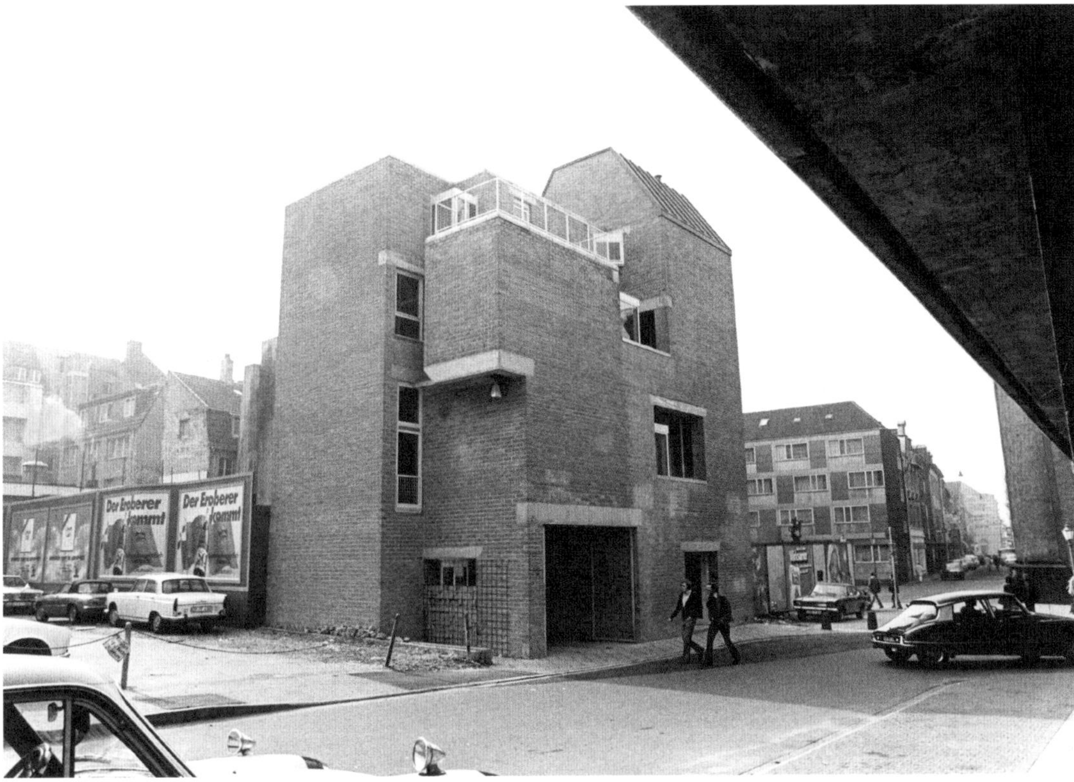

Alfred Schmela ermöglichte es mir auch, Joseph Beuys etwas näher kennenzulernen, indem er mich zu Lectures in kleinem Kreis einlud, die Beuys in den unteren Räumlichkeiten der Galerie Schmela abhielt. Mein ehrliches Bemühen war es, Beuys besser zu verstehen. Trotz mehrfacher Teilnahme an diesen Treffen ist mir das aber nicht gelungen. Im Gegenteil: Ich muss zugeben, dass ich am Ende verwirrter war als zu Beginn. Trotzdem waren diese Sessions mit dem großen Schamanen natürlich sehr spannend.

Wenn man Alfred Schmela ab 1975 besuchen wollte, dann traf man sich mit ihm nicht unbedingt in der Galerie in der Mutter-Ey-Straße, sondern in Lohausen, wo er nahe dem Flughafen die Lantz'sche Villa mit ihrem großartigen Park angemietet hatte. Dort waren auch erstmals monumentale Skulpturen zu bewundern. Dieses Kapitel dauerte aber leider nur fünf Jahre bis zu seinem viel zu frühen Tod im Jahre 1980.

Die Galerieszene im Rheinland hat seit über hundert Jahren eine führende Position in Deutschland. Dieselbe hat sich – mit Unterbrechung im und nach dem Zweiten Weltkrieg – auf hohem Niveau fortgesetzt. Ohne jede Frage hat Alfred Schmela hierzu in den gut zwanzig Jahren seiner Galerietätigkeit einen ganz überragenden Beitrag geleistet!

Brief von Alfred Schmela an Yves Klein, 5. Mai 1957 / Letter from Alfred Schmela to Yves Klein, May 5, 1957

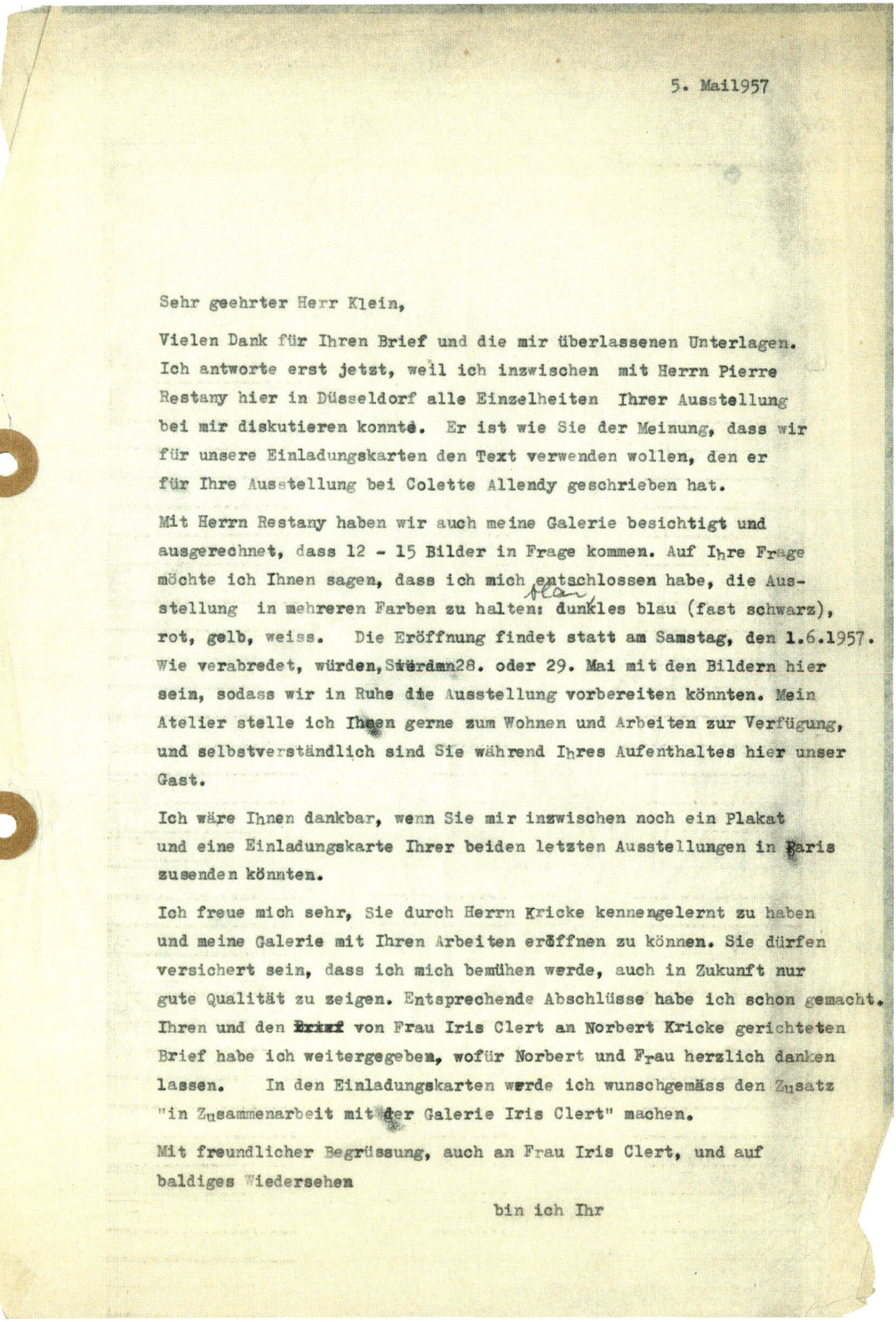

5. Mai1957

Sehr geehrter Herr Klein,

Vielen Dank für Ihren Brief und die mir überlassenen Unterlagen. Ich antworte erst jetzt, weil ich inzwischen mit Herrn Pierre Restany hier in Düsseldorf alle Einzelheiten Ihrer Ausstellung bei mir diskutieren konnte. Er ist wie Sie der Meinung, dass wir für unsere Einladungskarten den Text verwenden wollen, den er für Ihre Ausstellung bei Colette Allendy geschrieben hat.

Mit Herrn Restany haben wir auch meine Galerie besichtigt und ausgerechnet, dass 12 - 15 Bilder in Frage kommen. Auf Ihre Frage möchte ich Ihnen sagen, dass ich mich entschlossen habe, die Ausstellung in mehreren Farben zu halten: blau dunkles blau (fast schwarz), rot, gelb, weiss. Die Eröffnung findet statt am Samstag, den 1.6.1957. Wie verabredet, würden, Sie am 28. oder 29. Mai mit den Bildern hier sein, sodass wir in Ruhe die Ausstellung vorbereiten könnten. Mein Atelier stelle ich Ihnen gerne zum Wohnen und Arbeiten zur Verfügung, und selbstverständlich sind Sie während Ihres Aufenthaltes hier unser Gast.

Ich wäre Ihnen dankbar, wenn Sie mir inzwischen noch ein Plakat und eine Einladungskarte Ihrer beiden letzten Ausstellungen in Paris zusenden könnten.

Ich freue mich sehr, Sie durch Herrn Kricke kennengelernt zu haben und meine Galerie mit Ihren Arbeiten eröffnen zu können. Sie dürfen versichert sein, dass ich mich bemühen werde, auch in Zukunft nur gute Qualität zu zeigen. Entsprechende Abschlüsse habe ich schon gemacht. Ihren und den ~~Brief~~ von Frau Iris Clert an Norbert Kricke gerichteten Brief habe ich weitergegeben, wofür Norbert und Frau herzlich danken lassen. In den Einladungskarten werde ich wunschgemäss den Zusatz "in Zusammenarbeit mit der Galerie Iris Clert" machen.

Mit freundlicher Begrüssung, auch an Frau Iris Clert, und auf baldiges Wiedersehen

bin ich Ihr

Lena Brüning

ALFRED SCHMELA: PIONIER, PROVOKATEUR, INITIATOR

Alfred Schmela eröffnete seine Galerie im Jahr 1957, als Deutschland sich in einer historischen Zwischenphase befand: kurz nach der frühen Nachkriegszeit, aber noch vor den Wirtschaftswunderjahren.[1] In Düsseldorf und Umgebung konnten nur wenige Institutionen einen regulären Ausstellungsbetrieb realisieren. Dazu gehörten der Kunstverein für die Rheinlande und Westfalen, der in einem Gebäudeteil der zerstörten Alten Kunsthalle am Grabbeplatz untergebracht war, das Kunstmuseum Düsseldorf im Ehrenhof sowie das Kaiser Wilhelm Museum in Krefeld.[2] Zu diesem Zeitpunkt gab es in Düsseldorf beinahe ausschließlich alteingesessene Galerien auf der Königsallee, die nach dem Krieg wiedereröffnet hatten und überwiegend Kunstwerke des 19. Jahrhunderts anboten.[3]

Jungen Künstlern hingegen boten sich kaum Plattformen, um ihre Werke vorzustellen und wenige Möglichkeiten, sich über die aktuellen Entwicklungen, auch außerhalb Deutschlands, zu informieren. Das Informel, die erste, zwar in der französischen *art autre* wurzelnde, aber dennoch vom deutschen Kunstpublikum als eigene Strömung empfundene Bewegung nach dem Zweiten Weltkrieg, die, von der Kulturpolitik gefördert, für einige Jahre den Ausstellungsbetrieb dominiert hatte, schien ihnen erstarrt und überkommen. Mit der Gründung der Galerie Schmela wurde dieses „kulturelle Vakuum"[4] gefüllt; Orientierungssuchende konnten sich hier mit Gleichgesinnten treffen und frische Impulse zur Beschreitung eigener Wege kultureller Produktion empfangen. In Alfred Schmela fanden sie einen Vermittler mit Pioniergeist, und die Galerie entwickelte sich schnell zu einem Zentrum des Kunstnetzwerks für eine Künstlergeneration, die sich Umbruch und Veränderung wünschte.

Im Jahr 1969 beschrieb Alfred Schmela seine Haltung zur Kunst als Ware: „Ich stehe auf dem Standpunkt, daß ein Spekulant lieber Grundstücke oder Aktien kaufen soll. Denn: Kunst ist eine spirituelle Sache, und der Geist ist kein Spekulationsobjekt."[5] Sein langjähriger Freund, der Bildhauer Norbert Kricke, erinnerte sich 1980: „Eigentlich war er selbst durch und durch Künstler. [...] Er sprach wie ein Künstler, urteilte wie ein Künstler, die von der Sache etwas verstehen, sprach nie in Floskeln, sondern immer das, was er dachte, unverblümt aus."[6] Gleichzeitig war Alfred Schmela ein engagierter Händler, sodass er nach einigen kargen Anfangsjahren, in denen er mindestens einmal daran dachte, die Galerietätigkeit aufzugeben[7], doch einige Abnehmer für die Kunstwerke fand. Krickes weitere Ausführungen und die Erzählungen vieler Wegbegleiter und Zeitzeugen machen deutlich, dass finanzielle Aspekte zwar wichtig für Alfred Schmela waren, er jedoch den Verkauf vor allem als Beweis seiner gelungenen Vermittlung schätzte; die Kunstwerke sollten in die Welt hinausgehen und ihre Wirksamkeit entfalten.[8] In dieser Haltung mag auch die Tatsache begründet liegen, dass er kein Interesse daran hatte, eine eigene Sammlung aufzubauen.

Der Galerieraum, den das Ehepaar Schmela im Jahr 1957 nach einigen Verhandlungen mit der Stadtverwaltung in der Hunsrückenstraße 16–18 anmietete, war ein schmales Ladenlokal mit zehn Quadratmetern Grundfläche im Herzen der Altstadt, das eigenhändig und mit geringen Mitteln renoviert wurde. Außer dem Grafikschrank, dessen ausgezogene oberste Schublade, mit einer Holzplatte belegt, als Schreibtisch diente, und zwei Eiermann-Klappstühlen gab es kein Mobiliar. Boden, Wände und Decke waren weiß gestrichen, aus zentral an der Decke verlaufenden Neonröhren strahlte helles, klares Licht.[9] Die Geschlossenheit des Raums, die auch abweisend hätte wirken können, wurde durch das große Schaufenster gebrochen, welches verdeutlichte, dass es sich um ein kommerzielles Unternehmen handelte. Durch die Platzierung von Kunstwerken im Fenster ließ sich mit wenig Aufwand große Aufmerksamkeit erzeugen. Die Grenzen zwischen Innen und Außen konnten durch die Installation der Werke oder durch Performances und Aktionen im Fenster aufgehoben oder sogar umgekehrt werden. Alfred Schmela setzte sich mit der Wahl und Gestaltung seiner Räume von anderen deutschen Galerien seiner Zeit ab, die, wie die alteingesessenen Traditionshäuser auf der Königsallee, im ersten oder zweiten Stock eines Wohnhauses residierten. Er unterschied sich in dem Punkt aber auch von den wenigen jüngeren Galerien, die sich dem Informel widmeten, wie Rolf Jährlings Galerie Parnass in Wuppertal oder die Galerie 22 Jean-Pierre Wilhelms, die ebenfalls im Jahr 1957 in Düsseldorf gegründet wurde.[10]

Die Galerie Schmela eröffnete am 31. Mai 1957 mit Yves Kleins Einzelausstellung *Propositions Monochromes.* Sie zeigte sich damit radikal dem Neuen zugewandt und kompromisslos. Kleins Pariser Galeristin Iris Clert unterstützte die Kooperation. Das größte Bild der Ausstellung, *Monochrome Bleu,* wurde wie schwebend im Schaufenster aufgehängt und erregte die Gemüter der vorbeiflanierenden Düsseldorfer. *La Minute de Vérité,* Pierre Restanys Text zur Ausstellung, abgedruckt auf der Einladungskarte, wurde von dem Galeristenpaar als derartig herausfordernd eingestuft, dass auf eine deutsche Übersetzung für die Auslage in der Galerie verzichtet wurde. Einige Tage nach der Vernissage wurde ein Künstlergespräch in der Ausstellung veranstaltet. Die

Einladungskarte der Ausstellung / Invitation card for the exhibition
Yves Klein: *Propositions Monochromes*, 1957

YVES

PROPOSITIONS MONOCHROMES

EINLADUNG ZUR ERÖFFNUNG: FREITAG, 31. MAI 1957,
20-22 UHR, HUNSRÜCKENSTR. 16-18 · ES SPRECHEN RATSHERR
SCHRACKE · FRAU HANNELORE SCHUBERT, DÜSSELDORF

Y V E S K L E I N, geb. 28. 4. 1928 in Nizza. Reisen durch ganz Europa und nach Japan. Lebt in Paris. Ausstellungen: Paris, Marseille (Festival), Mailand, Tokio und London.

Diese Ausstellung findet in Zusammenarbeit mit der Galerie I R I S C L E R T Paris statt.

LA MINUTE DE VÉRITÉ ● A tous les intoxiqués de la machine et de la grande ville, les frénétiques du rythme et les masturbés du réel, YVES propose une très enrichissante cure de silence asthénique ● Bien au-delà des dévidages de mondes autres, déjà si peu perceptibles à notre sens commun du raisonnable, à côté sans doute de ce qu'il est convenu d'appeler "l'art de peindre", au niveau en tous cas des plus pures et plus essentielles résonances affectives, se situent ces propositions rigoureusement monochromes: chacune d'entre elles délimite un champ visuel, un espace colore, débarrassé de toute transcription graphique et échappant ainsi à la durée, vouée à l'expression uniforme d'une certaine tonalité ● Par dessus le public-public, si commode miroir aux alouettes, les vieux habitués de l'informel se mettront d'accord sur la définition d'un "r i e n", tentative insensée de vouloir élever à la puissance + ∞ la dramatique (et désormais classique) aventure du carré de Malévitch ● Mais il n'y a précisément là ni carré noir ni fond blanc, et nous sommes au cœur du problème. L'agressivité de ces diverses propositions de couleur projetées hors des cimaises n'est qu'apparente ● L'auteur requiert ici du spectateur cette intense et fondamentale minute de vérité, sans quoi toute poésie serait incommunicable; ses présentations sont strictement objectives. Il a fui jusqu'au moindre prétexte d'intégration architecturale des espaces colores. On ne peut le suspecter d'aucune tentative de décoration murale ● L'œil du lecteur, si terriblement contaminé par l'objet extérieur, échappant depuis peu à la tyrannie de la représentation, recherchera en vain l'instable et élémentaire vibration, signe auquel il s'est habitué à reconnaître la vie, essence et fin de toute création . . . comme sì la vie n'était que mouvement. On l'oblige enfin à saisir l'universel sans le secours du geste ou de sa trace écrite, et je pose alors cette question: où, à quel degré d'évidence sensible, se situe donc le spirituel dans l,art? ● L'omnisciente dialectique a-t-elle fait de nous des mécanismes de pensée incapables de totale accomodation sincère? En présence de ces phénomènes de pure contemplation, la réponse vous sera donnée par les quelques hommes de bonne volonté encore survivants.

● PIERRE RESTANY ●

Alfred Schmela und Yves Klein in der Ausstellung / Alfred Schmela and Yves Klein in the exhibition *Propositions Monochromes*, 1957

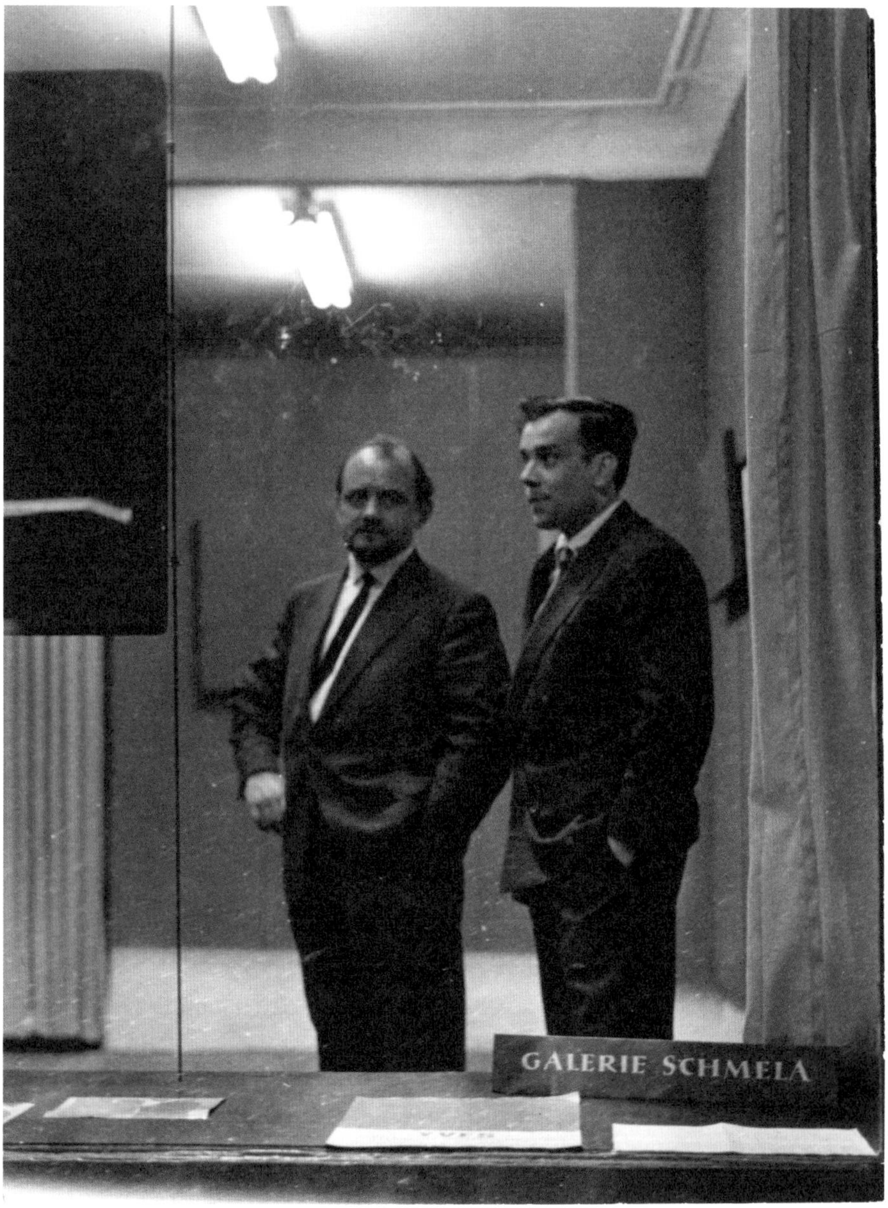

von Yves Klein angefertigte Tonbandaufnahme demonstriert, wie ungewohnt und schwer zu vermitteln der sich dort bietende Anblick für die Anwesenden war. Yves Klein und der Kritiker Pierre Restany, der an diesem Abend das Gespräch eröffnete, sprachen ausschließlich Französisch, was für die meisten Anwesenden das Verständnis zusätzlich erschwerte. Alfred und Monika Schmela hielten sich schweigend im Hintergrund. Im Publikum befanden sich der Galerist Jean-Pierre Wilhelm sowie der Künstler Norbert Kricke, der Klein und Schmela zusammengeführt hatte, und der Maler Konrad Klapheck. Auch wenn die Düsseldorfer Künstler zu übersetzen versuchten und Kleins Werke verteidigten, so fehlten die Begrifflichkeiten, um diese bisher unbekannte Kunst einzuordnen und ganz zu erfassen.[11] Von großem Unverständnis zeugten auch die Reaktionen der Presse; manch einer fühlte sich gar persönlich angegriffen.[12] Verkauft wurde kaum eines der überwiegend kleinformatigen monochromen Bilder in verschiedenen Farben, die zwischen 200 und 500 DM kosteten.[13]

Yves Klein erwies sich als versierter Netzwerker, der das Programm der Galerie Schmela in den Anfangsjahren prägte. Er empfahl Alfred Schmela seine Freunde und andere Künstler, die ihn begeisterten, wie zum Beispiel Arman.[14] Der Galerist nahm Empfehlungen von Künstlerseite stets sehr aufmerksam zur Kenntnis, auch wenn er seinem Grundsatz treu blieb: „Wenn es mir nicht gefällt, dann mache ich es nicht."[15]

Arman präsentierte 1960 seine erste Einzelausstellung in der Galerie. Er zeigte sich nicht weniger aufrührerisch als Klein; seine *Poubelles*, mit *objets trouvés* gefüllte Plexiglaskästen, erhitzten die Gemüter der Betrachter und spalteten die Presse: Von den einen wurden die Werke als „Dreck-Kunst" und „Abmagerungsmittel"[16] bezeichnet und infrage gestellt, ob dies denn Kunst sei, während andere Rezensenten die Ausstellung immerhin für sehenswert hielten.[17] Eine zweite Arman-Ausstellung, *Colères et Coupures*, bestehend aus mehreren Werken aus zersägten Musikinstrumenten, folgte im Jahr 1963.

Durch die Vermittlung Alfred Schmelas, dem es gelang, den Direktor des Kaiser Wilhelm Museums in Krefeld, Paul Wember, von den Arbeiten der beiden *Nouveaux Réalistes* zu überzeugen, erhielten Klein und Arman in den frühen 60er Jahren ihre ersten institutionellen Einzelausstellungen in Deutschland und die unkonventionelle programmatische Ausrichtung des Museums fand international Anklang.[18]

Über das französische Netzwerk der Galerie ergaben sich Kontakte zu Georges Mathieu, Christo, Jean Tinguely sowie Martial Raysse, mit denen Alfred Schmela teils für eine oder zwei Ausstellungen[19], teils viele Jahre lang zusammen arbeitete.[20]

Yves Klein: *Relief éponge, RE 15*, 1960

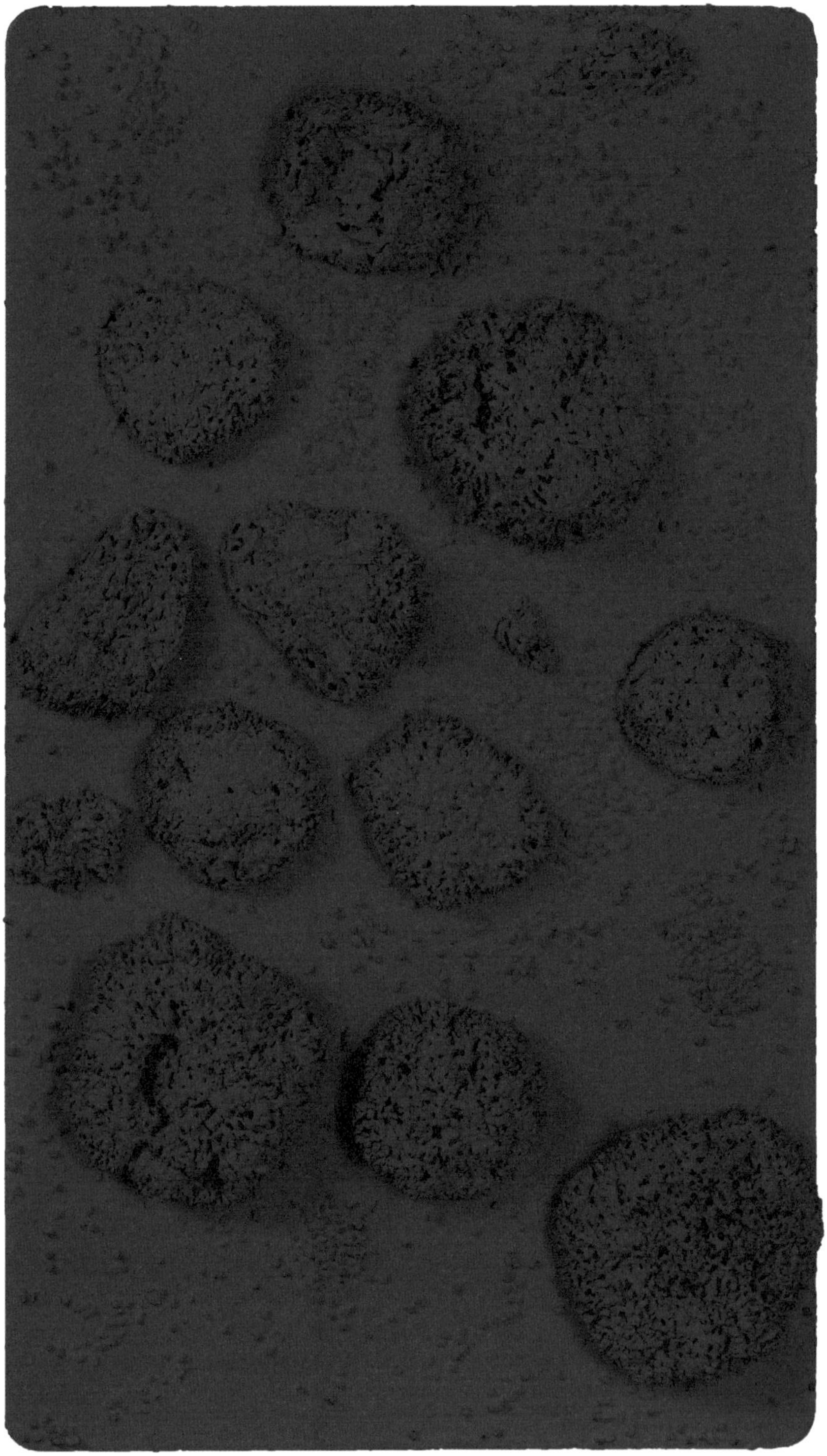

Alfred Schmela unternahm seine regelmäßigen Reisen nach Paris, wo er Galerien und Ateliers besuchte, gern in Begleitung Düsseldorfer Künstler wie Heinz Mack, Gotthard Graubner und Konrad Lueg, deren Urteil und Gesellschaft er schätzte.[21]

Die jungen Düsseldorfer Künstler, allen voran Heinz Mack, Günther Uecker und Otto Piene, die als Gruppe ZERO zusammen sowie auch solo bei Schmela ausstellten, generierten mit Installationen wie Otto Pienes *Ein Fest für das Licht* (1960) und der spektakulären *ZERO-Demonstration* (1961), die auf der Hunsrückenstraße vor der Galerie stattfand, große Aufmerksamkeit.

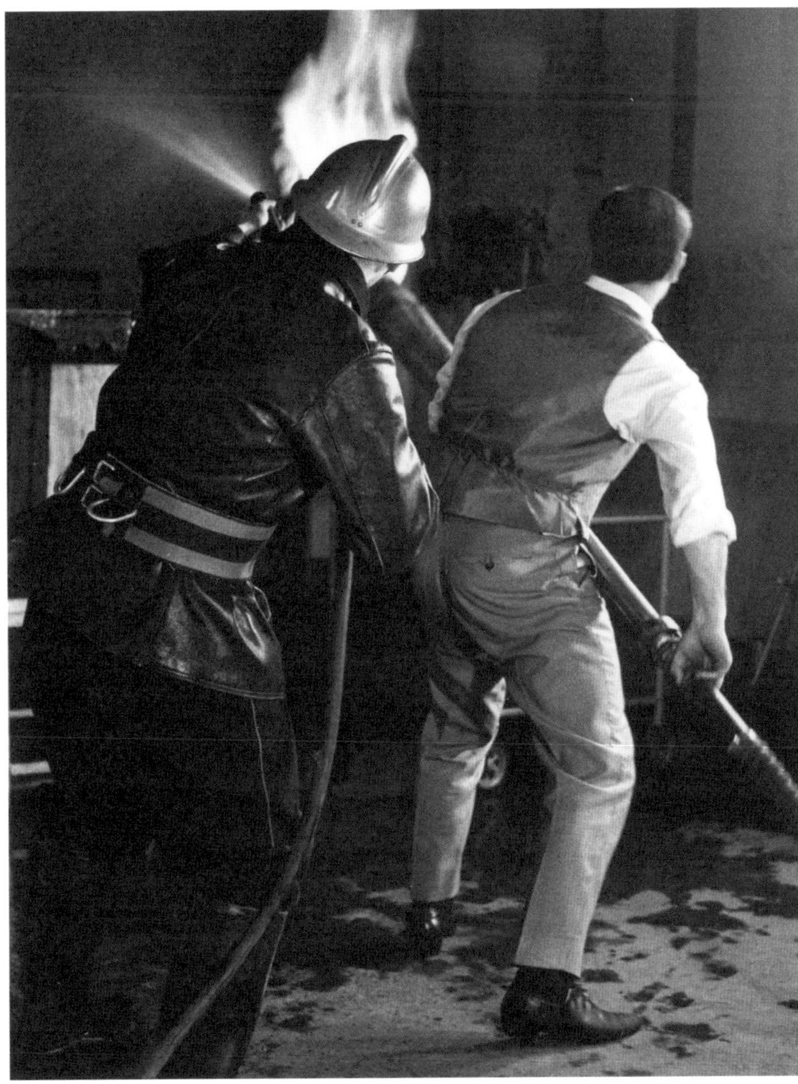

Yves Klein fertigt Feuerbilder in Günther Ueckers Atelier an /
Yves Klein making fire pictures at Günther Uecker's studio, 1961

Brief von Arman an Alfred Schmela, 9. Januar 1963 / Letter from Arman to Alfred Schmela, January 9, 1963

(1)

NEUE GALERIE IM KÜNSTLER HAUS MÜNCHEN

STÄNDIGE AUSSTELLUNGEN MODERNER MALER UND BILDHAUER

KUNSTBUCHHANDLUNG

KÜNSTLERHAUS · MÜNCHEN

AM LENBACHPLATZ

9 ja 63

Cher Schmela
et famille.

Alors c'est d'accord pour l'exposition chez vous. je n'ai qu'une seule date à vous propose ~~ça~~ entre deux voyages aux états-unis. c'est à dire ~~le 20 mai je~~ - le 20 mai. je pense qu'il me faut 12 à 13 jours donc il faudrait prevoir le debut juin pour le vernissage. j'ai ici à ~~Munich~~ München un tres beau violoncello carre que j'ai fait sur place specialement pour le festival. c'est un 100 il sera reproduit partout je crois qu'il serait bien

(2)

NEUE GALERIE IM KÜNSTLERHAUS MÜNCHEN

STÄNDIGE AUSSTELLUNGEN MODERNER MALER UND BILDHAUER
KUNSTBUCHHANDLUNG
KÜNSTLERHAUS · MÜNCHEN
AM LENBACHPLATZ

de le faire venir
de München comme
je l'ai fait en Allemagne il
n'y aura pas de douane - je pense que
ce serait bien pour être la plus grande
pièce de l'exposition. je pourrai après
faire 8 ou 9 chez Günther - Uecker
je vous écrirai d'avance tout ce qu'il
faut prévoir. si vous trouvez que c'est
cher le transport de München à
Dusseldorf pour une pièce je vous
aiderai mais je pense que c'est pas grand
chose - répondez moi de suite pour savoir
si nous sommes d'accord -

Bien le bonjour à
tous !

Arman

Sie standen in engem Austausch mit den *Nouveaux Réalistes.*[22] So ergaben sich, vermittelt durch die Galerie Schmela, französisch-deutsche Wahlverwandtschaften, die ein hohes Maß an künstlerischen Synergien erzeugten.

Während der Vorbereitungen für ihre Ausstellungen wohnten viele Künstler, zum Beispiel Christo und seine Frau Jeanne-Claude, bei der Familie Schmela am Luegplatz und lernten währenddessen die Düsseldorfer Kunstszene kennen.[23] Es war ein praktischer und kostengünstiger Weg, statt Kunstwerke von internationaler Qualität den internationalen Künstler selbst nach Düsseldorf zu importieren – und neue internationale Verbindungen unter den Künstlern wurden geschaffen.

Nouveaux Réalistes und ZERO bildeten in den frühen Jahren eine starke Allianz im Programm der Galerie Schmela, doch kennzeichnend für den Galeristen blieben die Offenheit gegenüber aller Kunst, die ihm neu und spannend schien, sowie das Interesse an einzelnen Künstlerpersönlichkeiten und individuellen Positionen. Dabei richtete er sein Augenmerk auf Authentizität und Originalität, die für ihn maßgeblich die „Qualität" eines Künstlers oder eines Kunstwerks ausmachten.[24] Auf der Suche nach frischen, möglichst internationalen Impulsen wurde Alfred Schmela bereits im Jahr 1958 auf

Einladungskarte der Ausstellung / Invitation card for the exhibition
Arman: *Colères et Coupures*, 1963

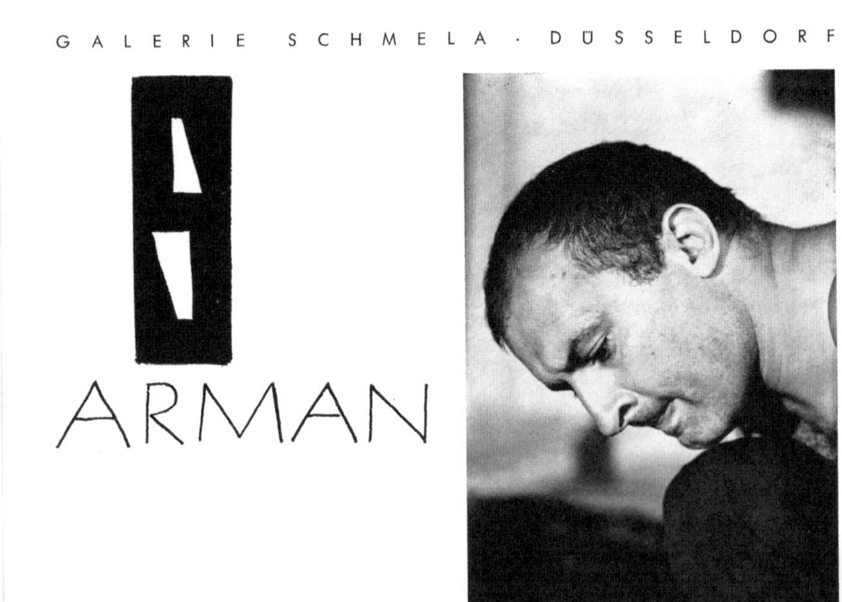

57

Arman: *Colère de Violon*, 1963

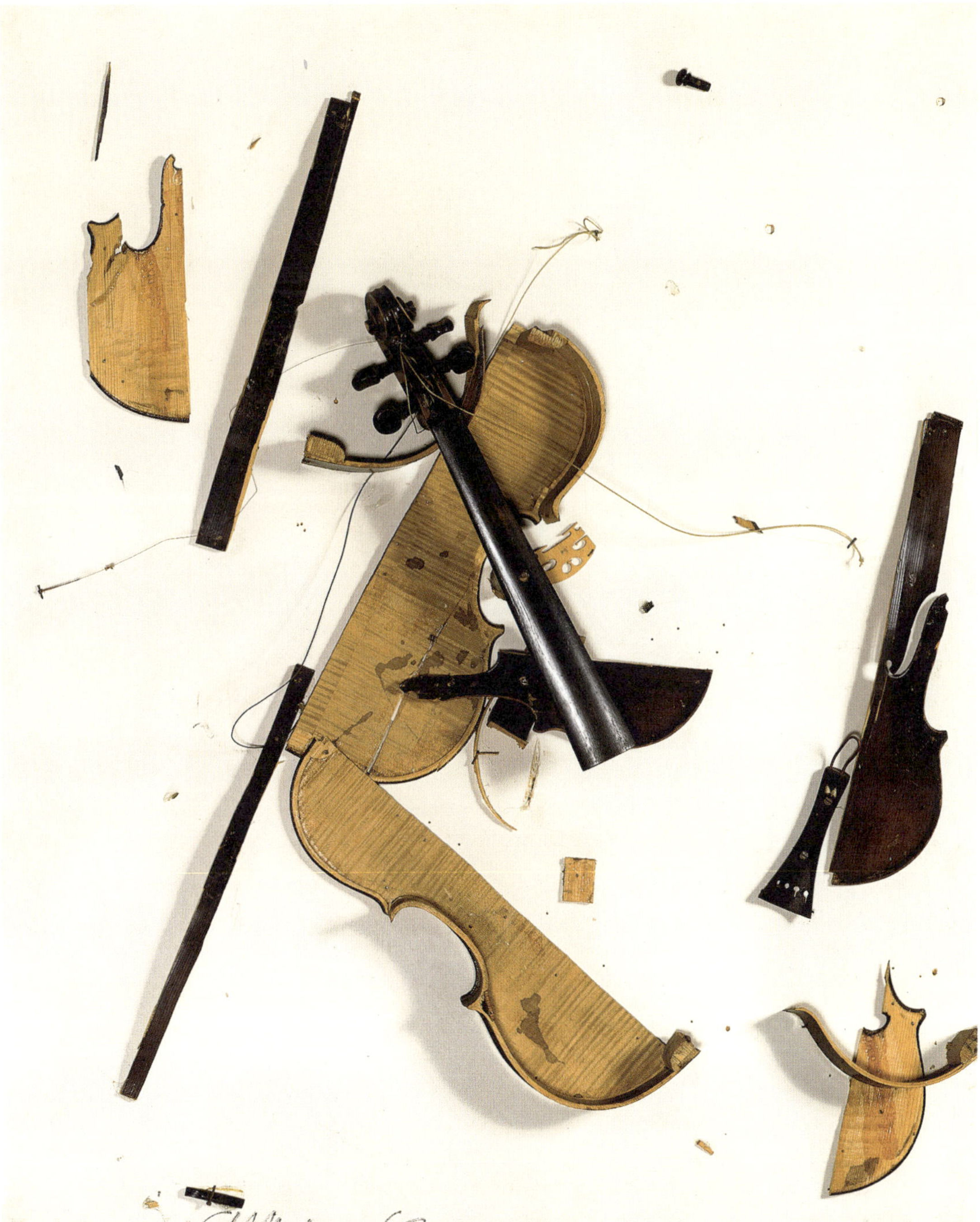

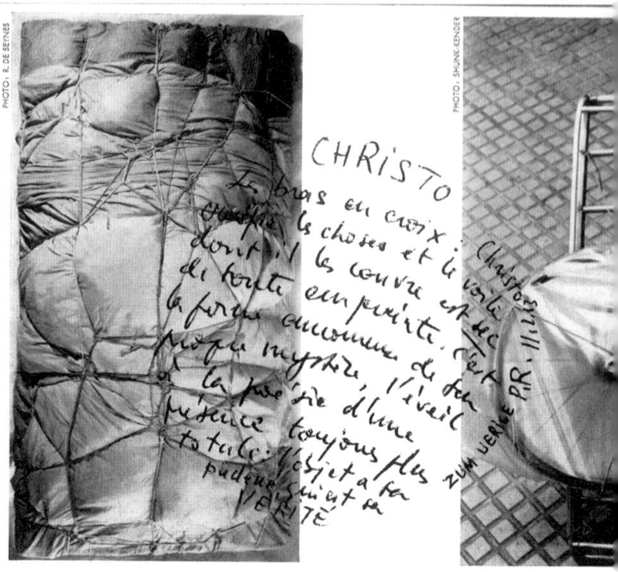

Einladungskarte der Ausstellung / Invitation card for the exhibition Christo: *Empaquetages*, 1963

die amerikanische Kunst aufmerksam. Werke abstrakter Expressionisten wie Franz Kline und Jackson Pollock waren ihm unter anderem durch die Ausstellungsprojekte des *International Program* des MoMA bekannt, die dem europäischen Publikum erste Begegnungen mit zeitgenössischen amerikanischen Kunstwerken ermöglichten. Gemeinsam mit Norbert Kricke hatte Alfred Schmela 1953 die Wanderausstellung *Zwölf Amerikanische Maler und Bildhauer der Gegenwart* im Kunstmuseum Düsseldorf im Ehrenhof besucht, die einen Überblick über aktuelle Strömungen der Kunst in den USA gab und Station in Paris, Zürich, Bern, Düsseldorf, Stockholm, Helsinki und Oslo machte.[25] Diese Ausstellung hinterließ bei beiden einen bleibenden Eindruck. Norbert Kricke erinnerte sich 1980: „Ich glaube, nur zwei Besucher waren wirklich begeistert: Alfred Schmela und ich. Wir haben über diese Ausstellung nicht ein gutes Wort gehört; es sei denn das, was wir selbst sagten."[26]

Mehrere Versuche Alfred Schmelas, Werke abstrakter Expressionisten von deren New Yorker Galerien in Kommission zu erhalten, scheiterten an den hohen Kosten für Versicherung und Transport. Die etablierte und von Alfred Schmela als Vorbild geschätzte New Yorker Galerie Sidney Janis verlangte finanzielle Garantien, die die Galerie Schmela nicht aufbringen konnte.[27] Alfred Schmela nutzte daher sein französisches Netzwerk und veranstaltete einige Ausstellungen mit in Paris lebenden amerikanischen Künstlern. Durch die Vermittlung des Kurators und Kritikers Michel Tapié fand ein Bild Mark Tobeys

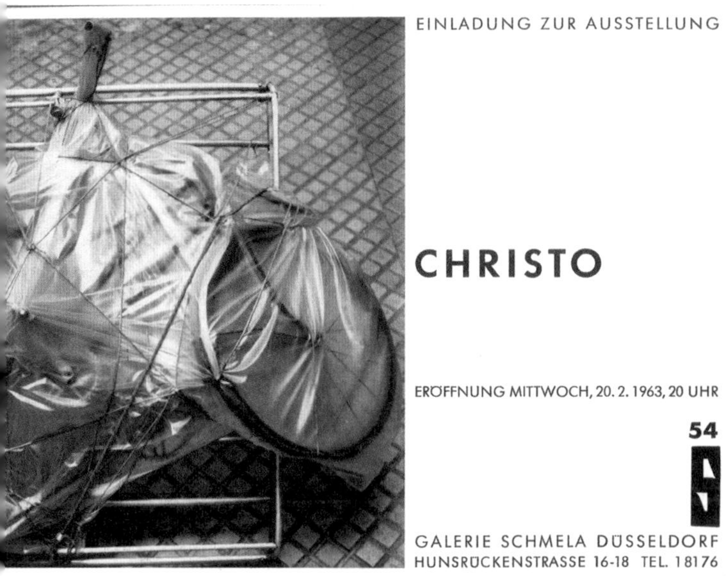

im Rahmen der von Tapié organisierten Gruppenausstellung *Structures Autres. Espaces Nouveaux* im Jahr 1958 seinen Weg in die Galerie Schmela.[28] Sam Francis sowie die Colorfield-Maler Kenneth Noland und Morris Louis, die Anfang der 1960er Jahre in der Galerie ausstellten, waren mit Pariser Galerien verbunden und daher leichter zu erreichen als in Übersee lebende Künstler.

Im Jahr 1963 flog das Ehepaar Schmela im Rahmen einer vom Kunstverein für die Rheinlande und Westfalen organisierten Gruppenreise erstmalig nach New York. Monika Schmela erinnerte sich 1996, dass eine Maschine „voller Galeristen, Sammler, Museumsdirektoren, Kulturdezernenten etc."[29] von Düsseldorf aus nach New York startete. Kaum angekommen, führte Alfred Schmelas Weg in die Galerie Leo Castelli, wo er ein Bild von Roy Lichtenstein erwarb, abspannte, im Flugzeug mit zurücknahm und nach seiner Rückkehr an die rheinische Sammlerin Fänn Schniewind verkaufte. So fand das wohl erste Werk Lichtensteins seinen Weg in den deutschen Kunstmarkt. Auch den Bildhauer George Segal besuchten Monika und Alfred Schmela auf seiner Farm in der Nähe New Yorks. Er stellte unmittelbar nach der Rückkehr der Schmelas in deren Galerie aus, als Übernahme von der Galerie Ileana Sonnabend in Paris.[30] Ein weiteres Resultat der Reise war die Zusammenarbeit mit dem Bildhauer Robert Morris im Jahr 1964, dessen Objekte Alfred Schmela in Richard Bellamys Greene Gallery entdeckt hatte. Zusätzlich zur Ausstellung von Morris' Bleireliefs veranstaltete die Galerie Schmela mit ihm und seiner

24
Gästebuch Galerie Schmela: Eröffnung Otto Piene: *Zweites Fest für das Licht* /
Guestbook Galerie Schmela: Opening Otto Piene: *Zweites Fest für das Licht*, 1966
mit Unterschriften u. a. von / with signatures from: Wolfgang Döring, Lothar Wolleh,
Tadeusz, Richter, Stachelscheid, H.Salentin

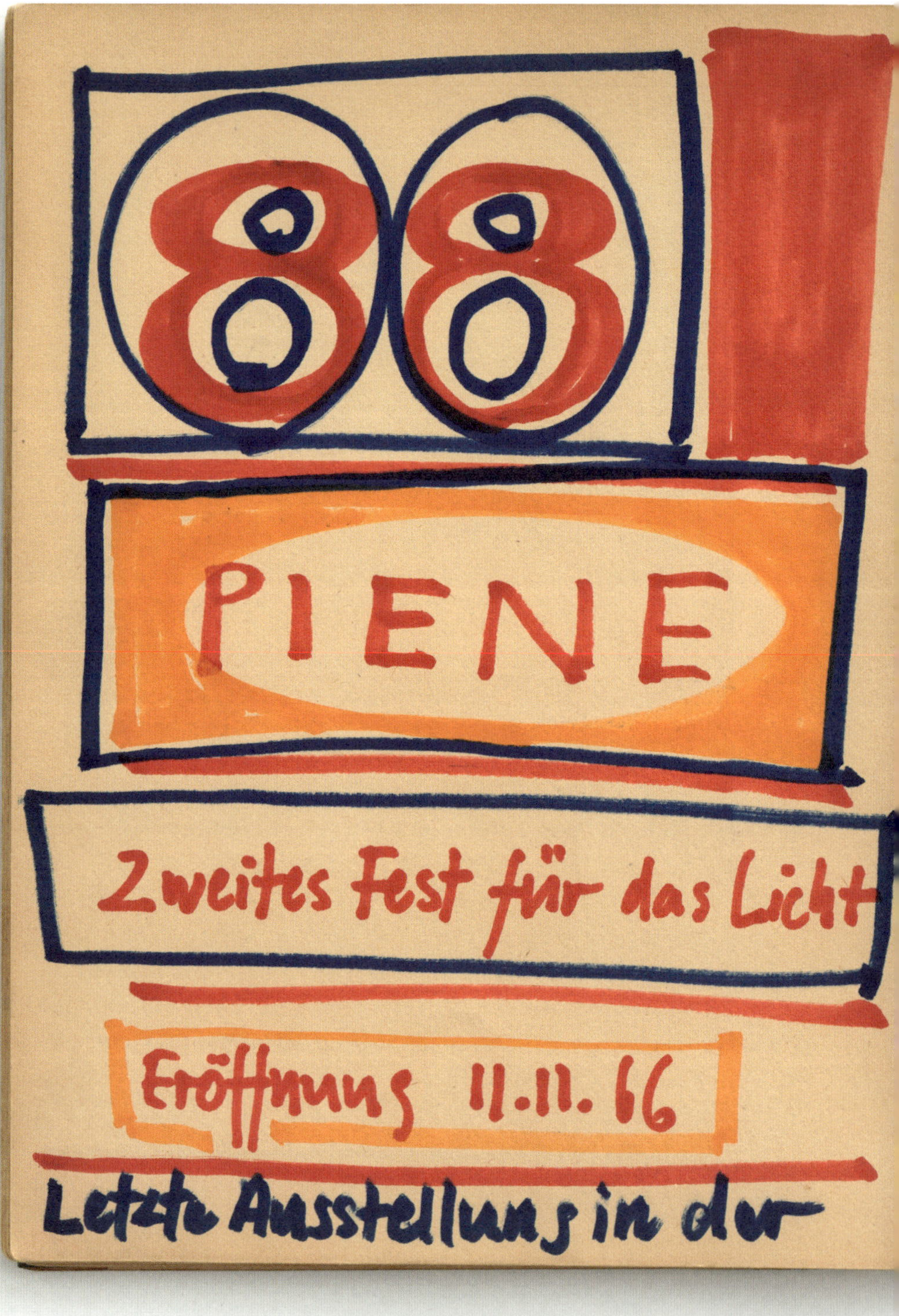

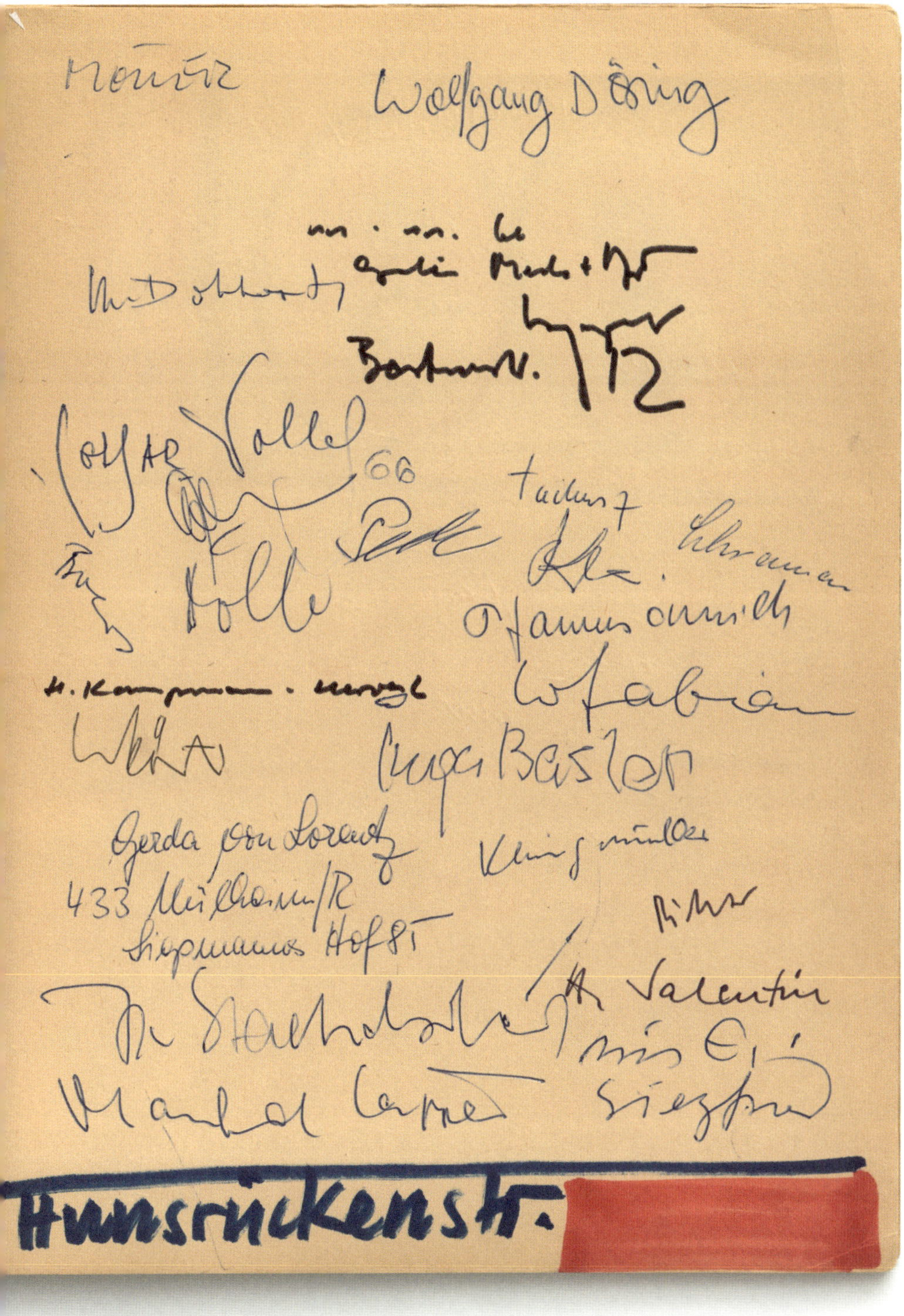
Wolfgang Döring
Hunsrückenstr.

ZERO-Demonstration vor der Galerie Schmela / ZERO-Demonstration in front of Galerie Schmela, 1961

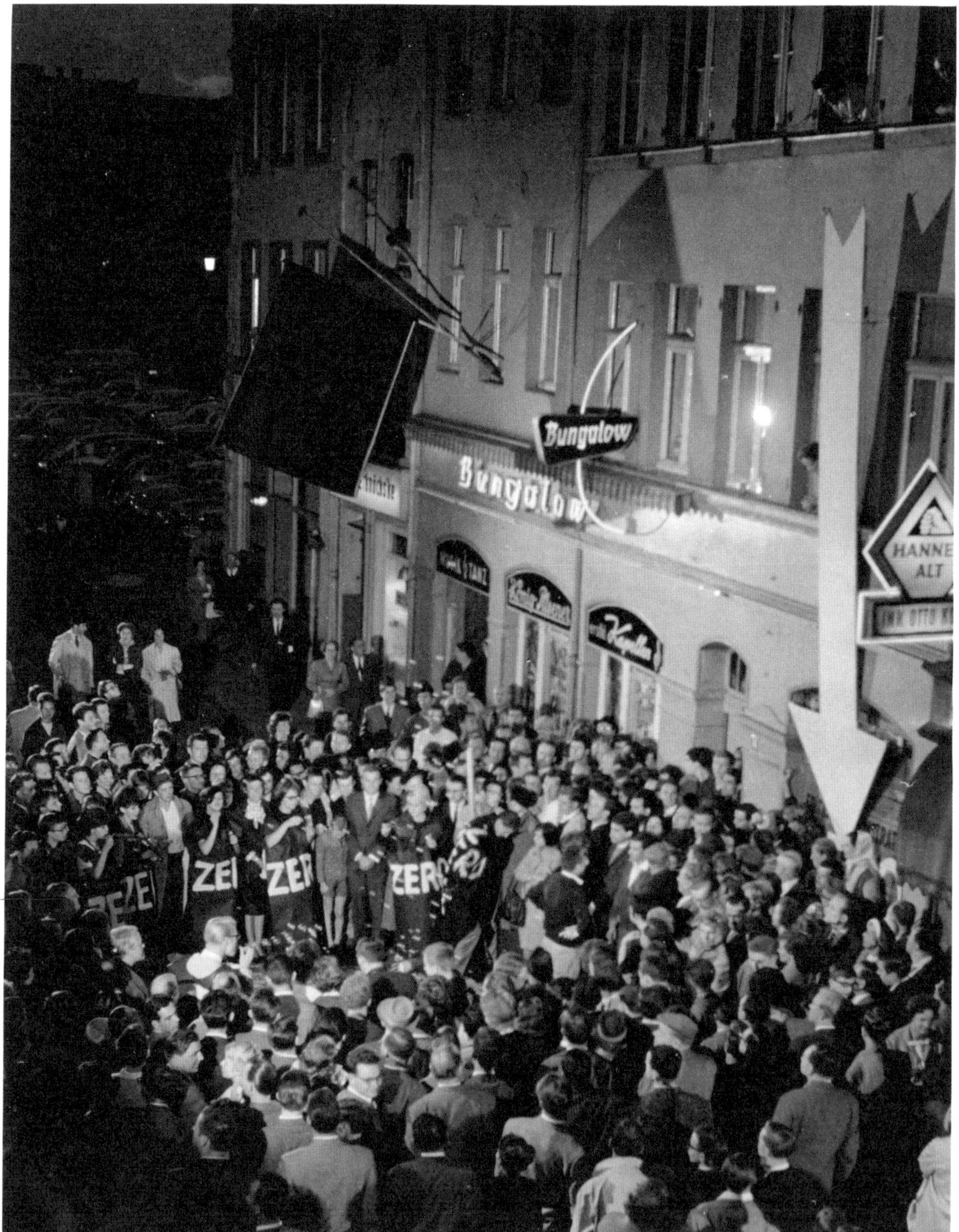

damaligen Partnerin, der Tänzerin Yvonne Rainer, eine Aufführung in der Aula der Kunstakademie Düsseldorf, deren Nutzung Joseph Beuys, der dort seit 1961 als Professor tätig war, ermöglichte. Auch Morris und Rainer waren einige Tage bei der Familie Schmela zu Gast. Während Yvonne Rainer in dem Ballettstudio der älteren Schmela-Tochter Ulrike für die Performance probte, fertigte Morris seine Bleireliefs in Günther Ueckers Atelier an.[31]

Die Ablösung von Paris durch New York als Kulturhauptstadt der westlichen Welt spiegelte sich im Programm der Galerie Schmela zunehmend wider. Alfred Schmela reiste weniger nach Paris, stattdessen regelmäßig in die amerikanische Metropole. Im Jahr 1966 lud er den Maler Robert Indiana zu der Ausstellung *Number Paintings* ein. Im darauffolgenden Jahr war Alfred Schmela als Gründungsmitglied des Vereins progressiver deutscher Kunsthändler neben Hein Stünke von der Galerie Der Spiegel in Köln und Rudolf Zwirner sowie einigen anderen Galeristen einer der Initiatoren des Kunstmarkt Köln '67,

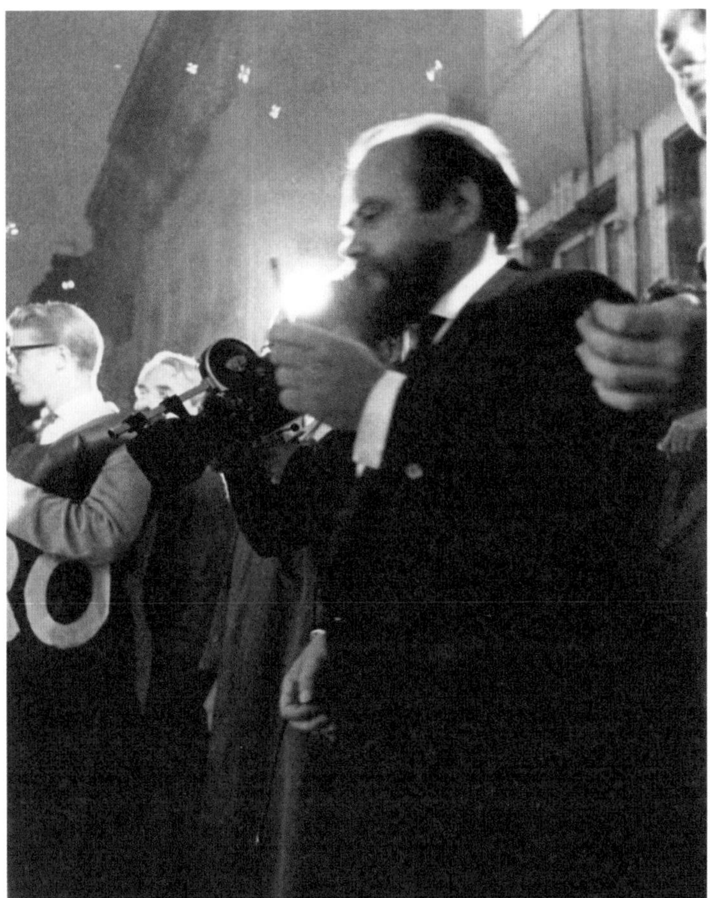

Alfred Schmela während der ZERO-Demonstration vor der Galerie Schmela /
Alfred Schmela at the ZERO-Demonstration in front of Galerie Schmela, 1961

Günther Uecker: *Zwischen Hell und Dunkel*, 1983

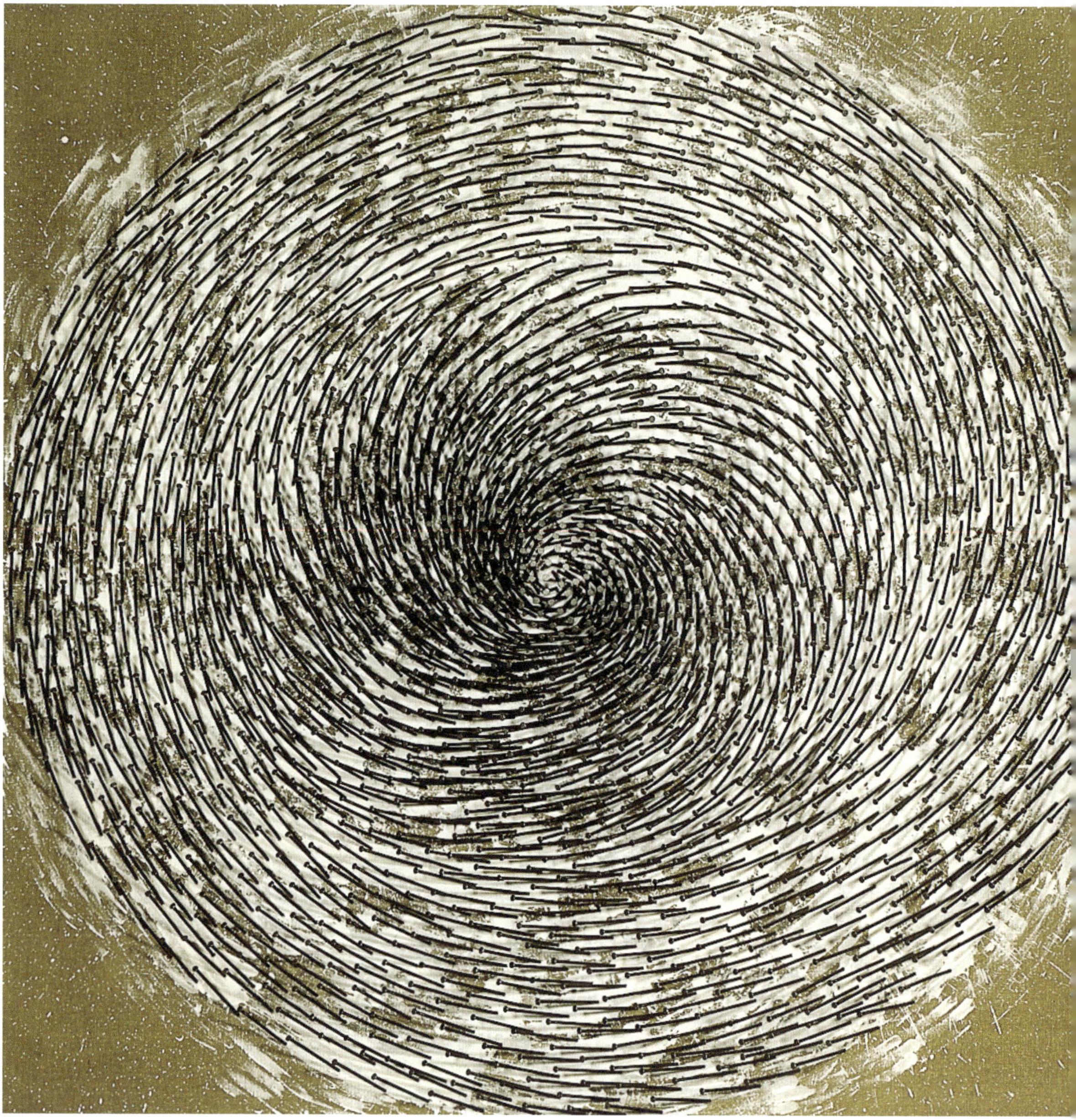

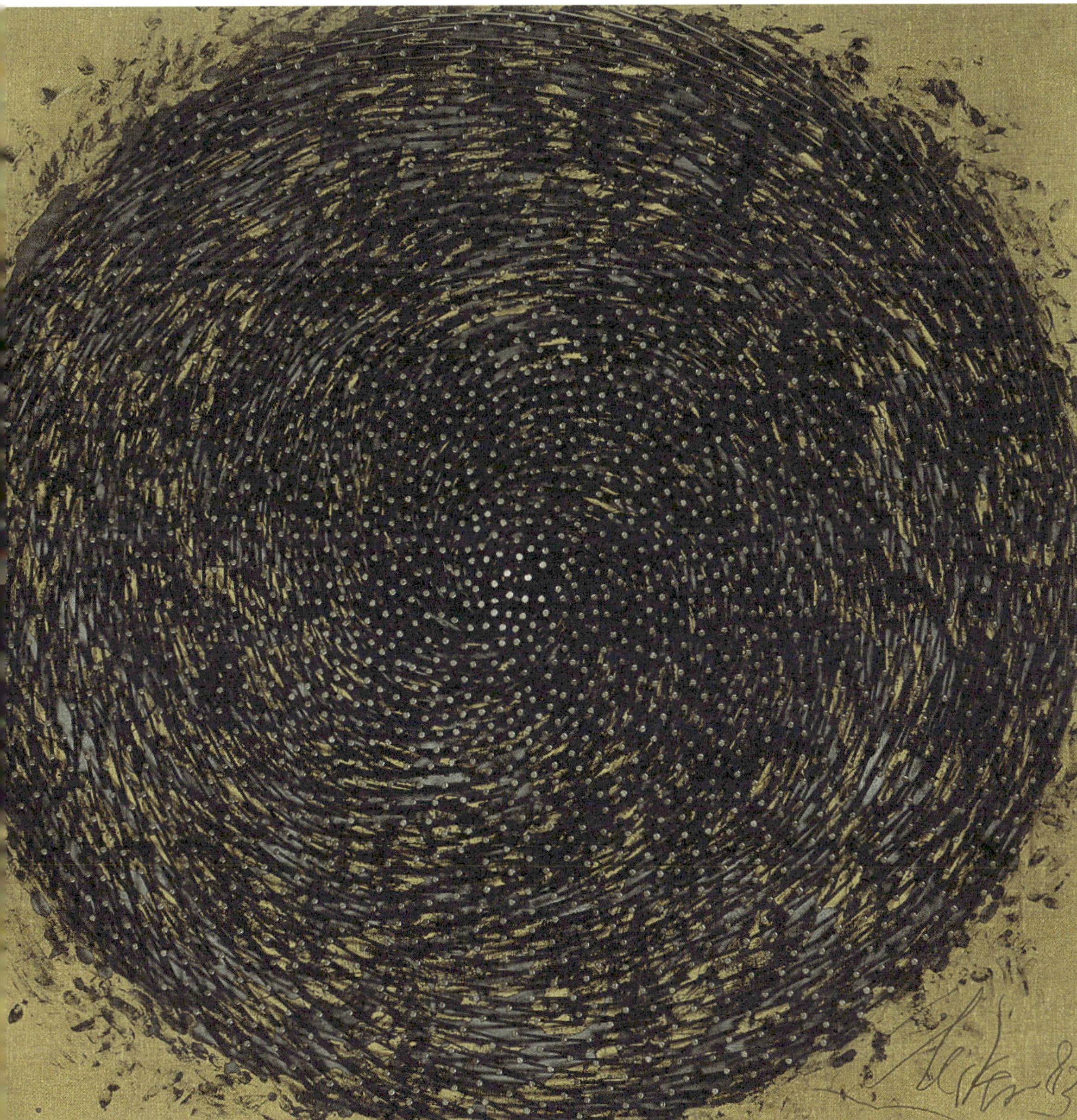

Mark Tobey: *Shadow Spirits of the Forest*, 1961

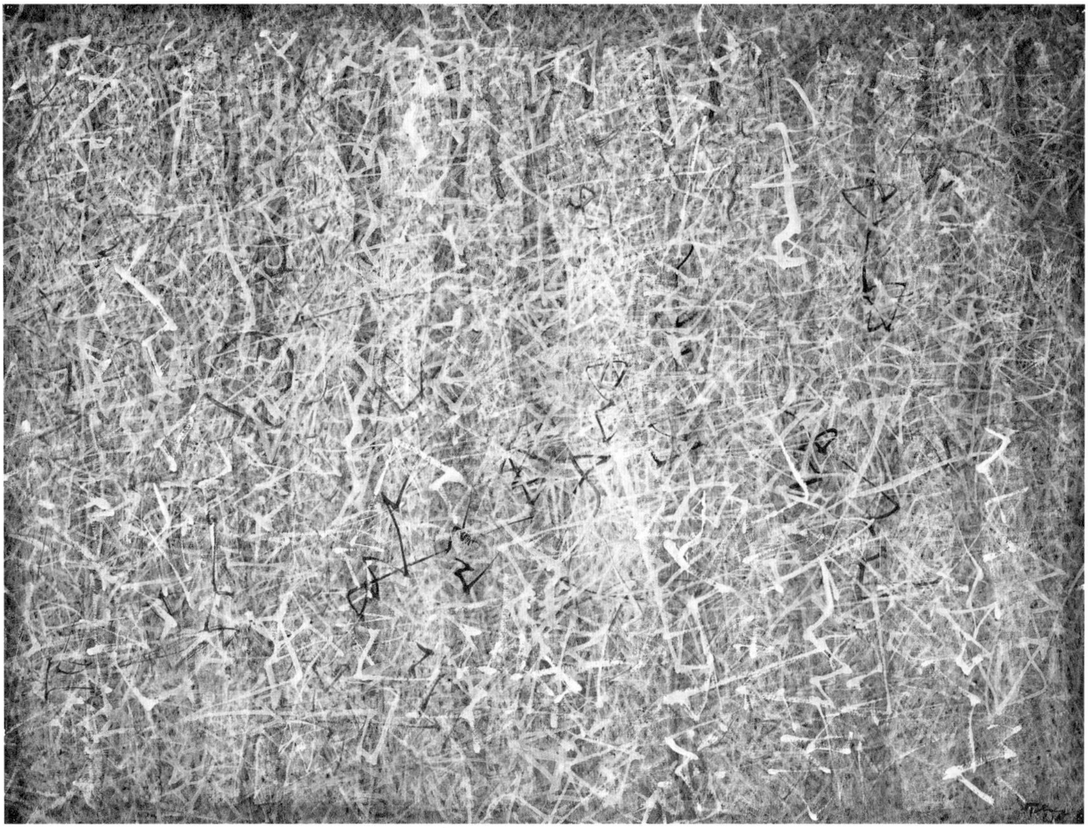

der ersten Messe für Gegenwartskunst.[32] Robert Indiana entwarf auf Alfred Schmelas Vorschlag hin das Plakat für die erste Ausgabe der „Mutter aller Kunstmessen“ und war dort mit mehreren Bildern durch die Galerie Schmela vertreten.[33]

Bei aller Begeisterung für die internationale Kunst hörte Alfred Schmela nicht auf, sich für die Düsseldorfer Künstler einzusetzen. So fanden auch Werke von Jörg Immendorff (1965), von Künstlern der Gruppe Kapitalistischer Realismus, Gerhard Richter (1964), Konrad Lueg (1964) und Sigmar Polke (1966) ihren Weg in die Galerie.[34] Alfred Schmela veranlasste den jungen Gerhard Richter zu Schwarz-Weiß-Portraits einiger Sammler und stand selbst als Erster für drei Abbilder Modell, von denen sich heute eines in der Kunstsammlung Nordrhein-Westfalen befindet.[35] Mit Konrad Lueg verband Alfred Schmela eine enge Freundschaft. Er war ein gern gesehener Gast der Familie und genoss das beinahe uneingeschränkte Vertrauen des älteren Galeristen.

Kenneth Noland: *Bloom*, 1960

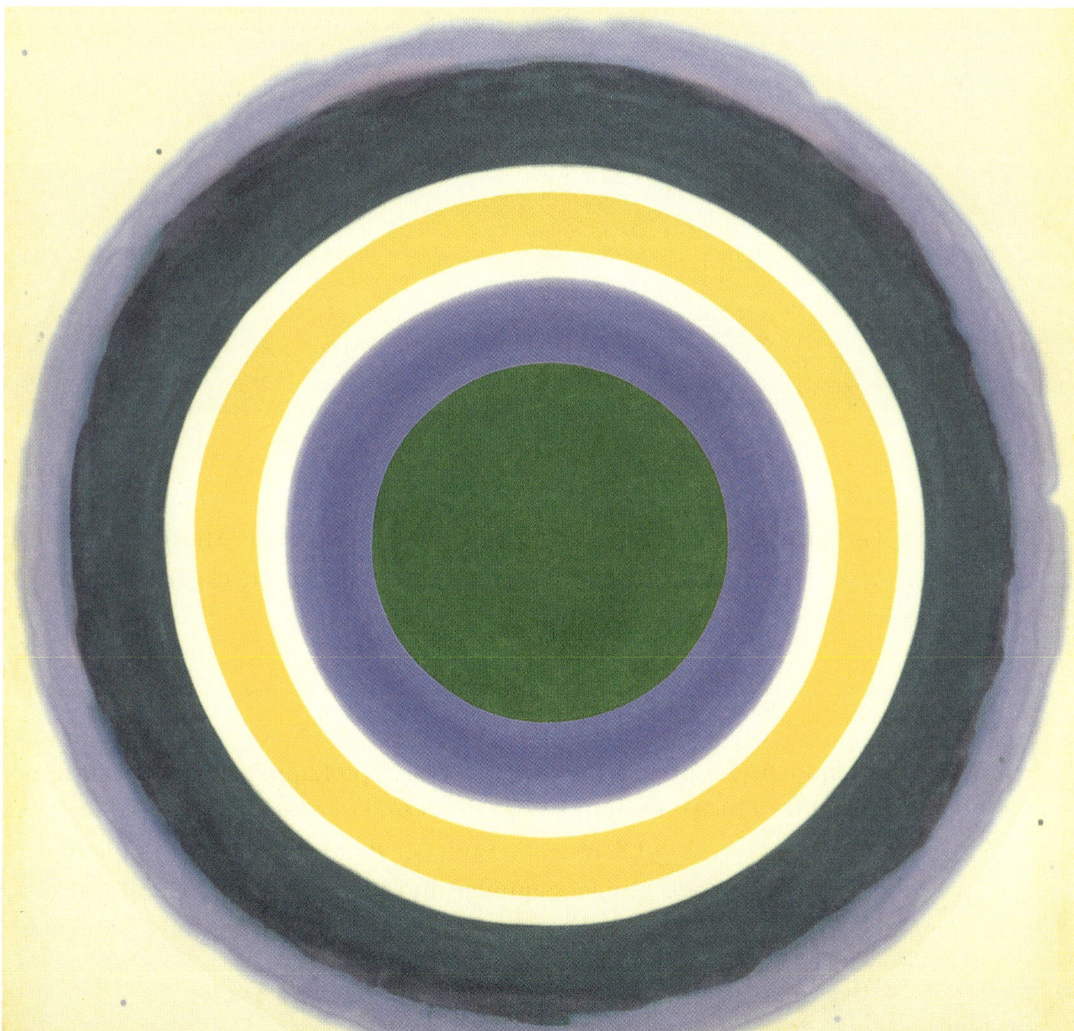

Einladungskarte der Gruppenausstellung / Invitation card for the group exhibition
Structures Autres, Espaces Nouveaux, 1958

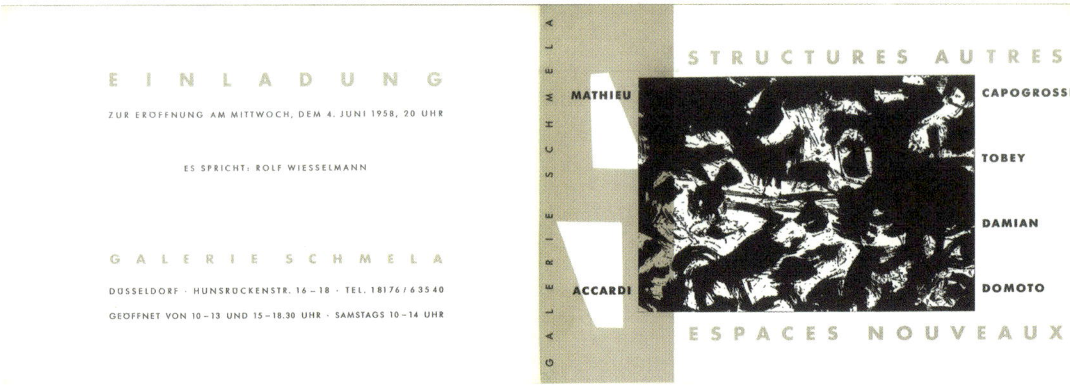

Einladungskarte der Ausstellung / Invitation card for the exhibition
Robert Indiana: *Number Paintings*, 1966

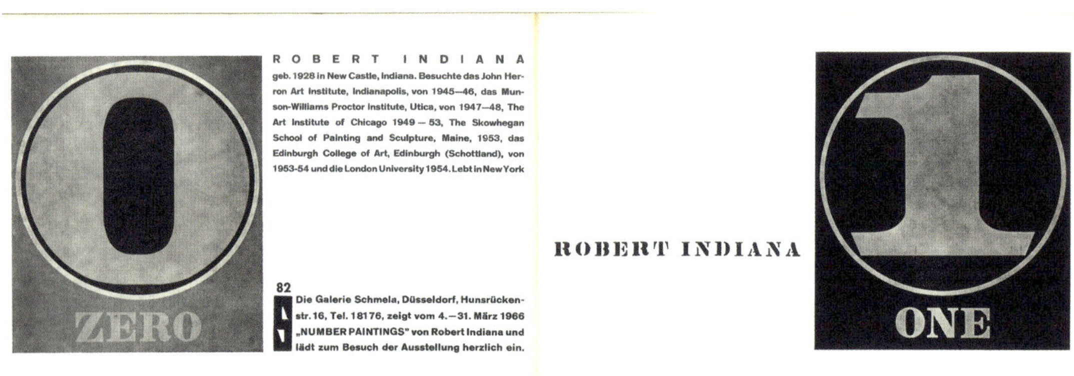

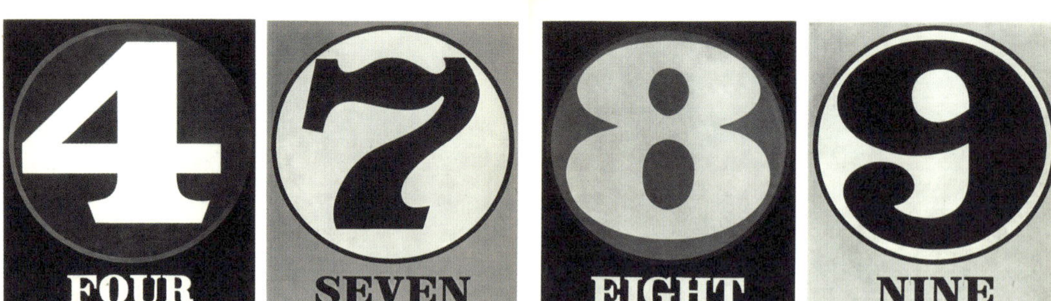

Plakatentwurf von Robert Indiana für den Kunstmarkt Köln 1967 /
Poster design by Robert Indiana for the Kunstmarkt Köln 1967

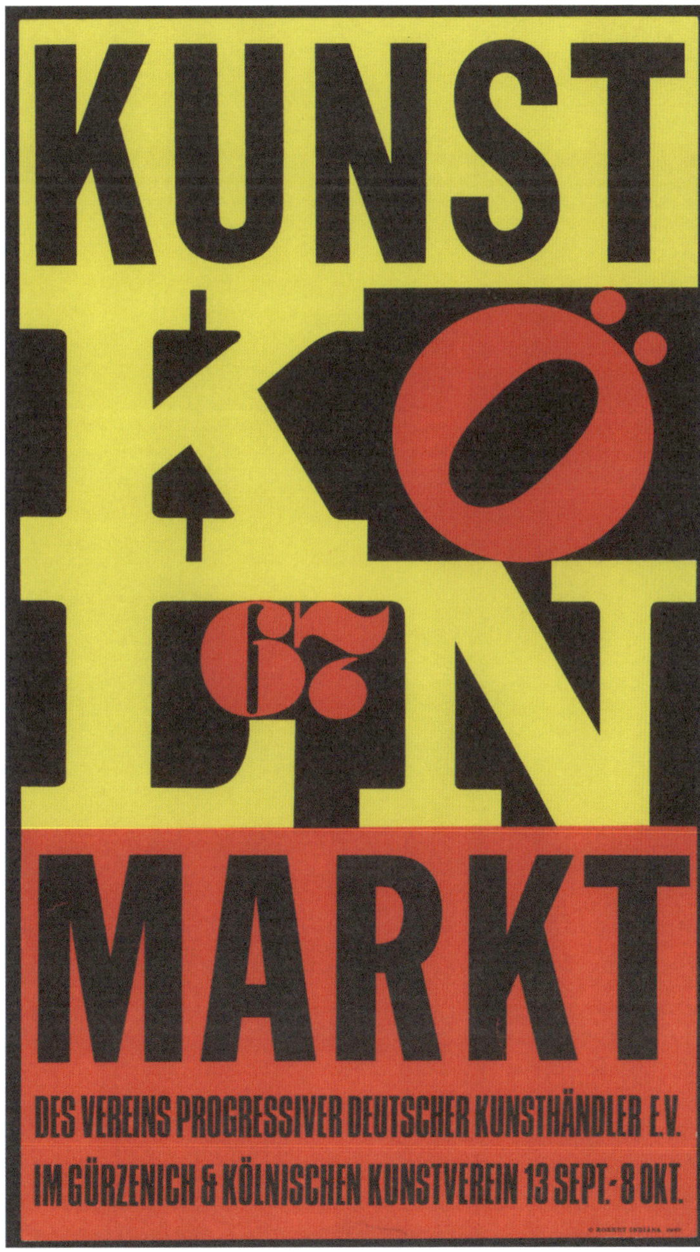

34
Gästebuch Galerie Schmela: Eröffnung Gerhard Richter: *Bilder* / Guestbook Galerie Schmela: Opening Gerhard Richter: *Bilder*, 1964
mit Unterschriften u. a. von / with signatures from: Richter, Conny Fischer-Lueg, Dr. Knobloch, Mommartz, N. Thadeusz, Schunk, Clemens Pasch, Geccelli, Ulrike Schmela, Frau Döring, Uecker, Konrad Klapheck, Willoughby Sharp, Gotthard Graubner, Ilse Dwinger, Rotraut Klein

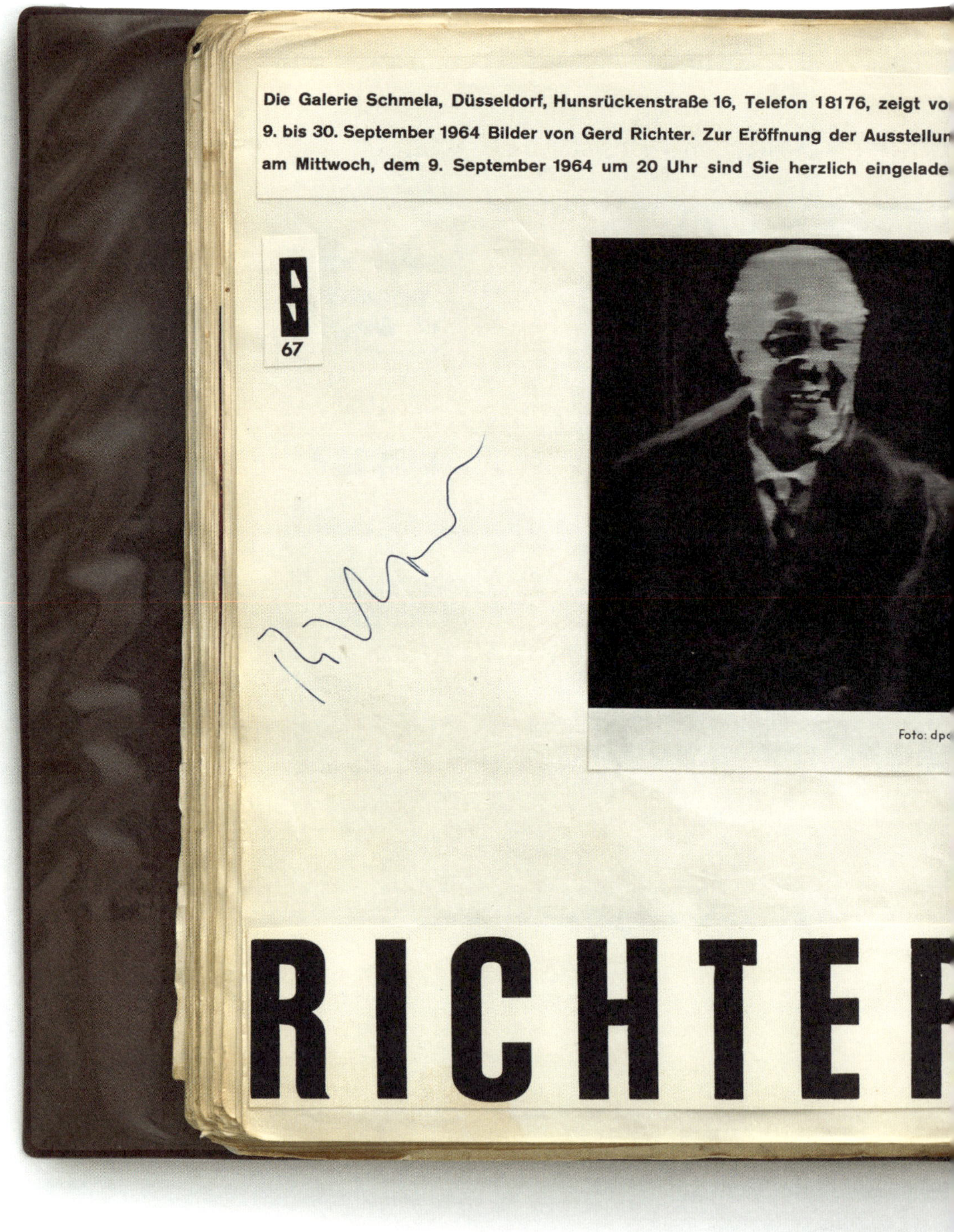

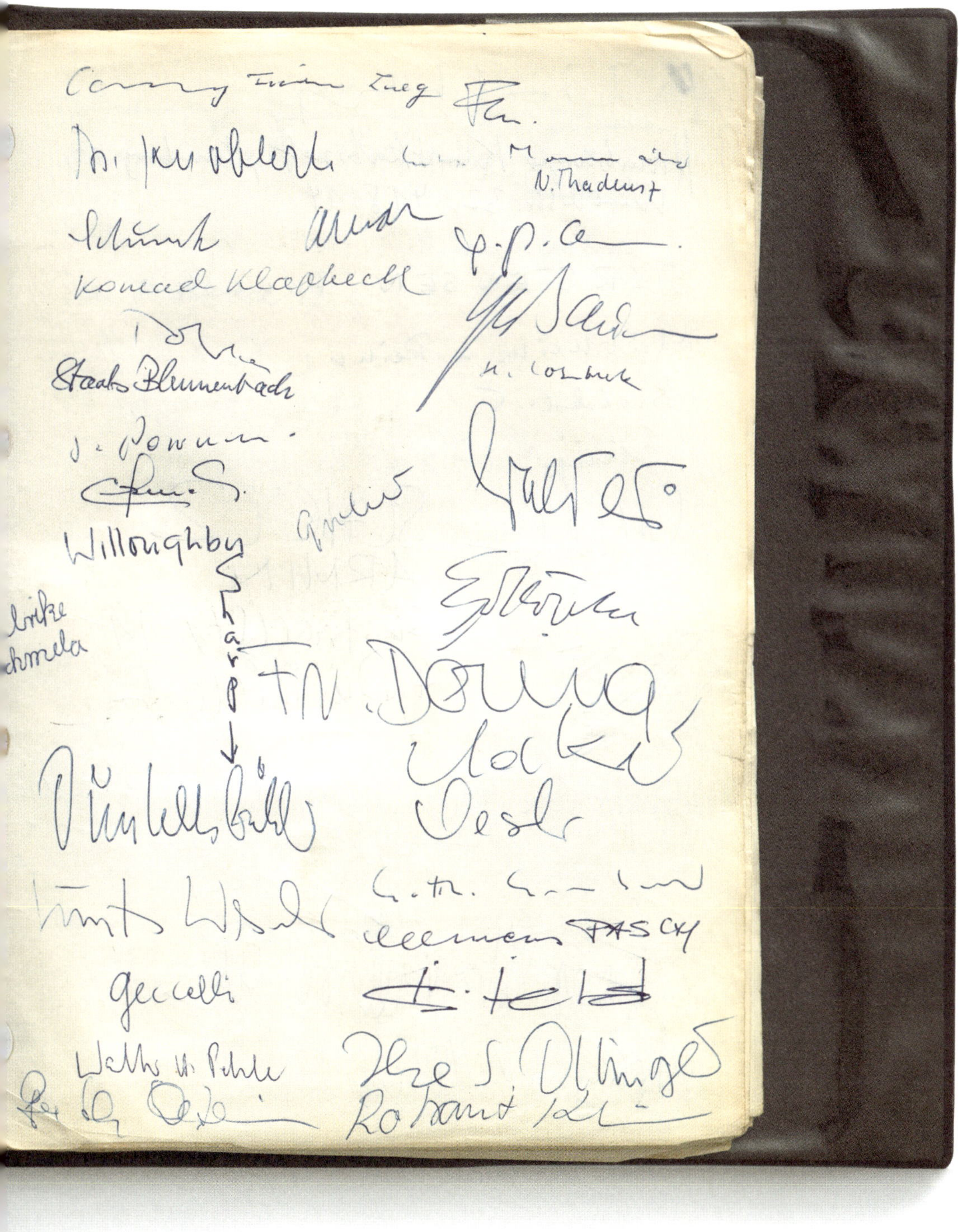

Die Idee, Lueg solle für Schmela eine Dependance im Ausland leiten, stand eine Weile im Raum. Doch Lueg entschied sich 1967 dafür, seine eigene Galerie, Ausstellungen bei Konrad Fischer, zu gründen, die er mit großem Erfolg führte und die noch heute ihren Ausstellungsbetrieb mit international anerkannten Künstlern fortsetzt. Betrachtet man die Art und Weise, wie Fischer seine Galerie leitete, wird deutlich, dass die Verbindung zu Alfred Schmela eine prägende und inspirierende Wirkung auf ihn hatte.[36]

Eine besondere Beziehung verband Alfred Schmela mit dem Düsseldorfer Künstler Joseph Beuys. Bis Beuys zu einer Ausstellung bereit war, musste der Galerist ihn lange umwerben; Monika Schmelas Erinnerungen zufolge begann Alfred Schmela damit bereits im Jahr 1958. Zwar waren die Familien Beuys und Schmela freundschaftlich miteinander verbunden und wohnten in Oberkassel in nächster Nachbarschaft. Dennoch hielten Alfred Schmela und Joseph Beuys, so Monika Schmela, eine respektvolle Distanz ein. Schmela setzte sich beim Kultusministerium dafür ein, dass Beuys eine Professorenstelle an der Akademie bekam und verkaufte hin und wieder Werke des Künstlers. Es dauerte jedoch sieben Jahre, bis Beuys sich überzeugen ließ, seine erste Einzelausstellung in Deutschland in der Galerie Schmela auszurichten.[37] Schließlich eröffnete *… irgendein Strang …* am 26. November 1965 und versammelte Objekte und Zeichnungen der vergangenen 15 Jahre. Zur Vernissage veranstaltete Beuys die Aktion *Wie man dem toten Hasen die Bilder erklärt.* An diesem Abend wurden die Grenzen zwischen dem Inneren des Galerieraums und der Straße aufgehoben: Im Schaufenster saß Beuys, den Kopf mit Blattgold bedeckt, einen toten Hasen im Arm. Das Publikum, darunter auch viele Künstler, drängte sich in dem kleinen Raum und auf der Straße; in der Presse wurde die Aktion, wie so oft bei Schmela, kontrovers diskutiert.[38]

Der Mietvertrag für den Raum in der Hunsrückenstraße lief zum Ende des Jahres 1966 aus. Zum Abschied veranstalteten die Künstler der Galerie die „Hommage an Schmela“, eine Woche voller Aktionen, Ausstellungen und Performances. Otto Piene, Sigmar Polke, John Latham, Gerhard Richter und Heinz Mack waren involviert. Joseph Beuys verwandelte mit *Manresa* die gesamte Galerie in einen Aktionsraum. Im Rahmen von Konrad Luegs *Kaffee und Kuchen* besuchte eine große Anzahl Künstler und Kulturschaffender die schmale Galerie ein letztes Mal; zwischen Blümchentapeten, auf denen Gerhard Richters Portrait Alfred Schmelas hing, nahmen sie Platz, um mit dem Galeristen zu feiern.

Alfred Schmelas Vorhaben, nach dem Auszug aus der Hunsrückenstraße innerhalb weniger Monate den Galerieneubau auf der Mutter-Ey-Straße, mit dessen Entwurf der niederländische Künstler und Architekt Aldo van Eyck betraut worden war, sowohl privat als auch mit der Galerie zu beziehen, ließ

Gerhard Richter: *Portrait Schmela III*, 1964

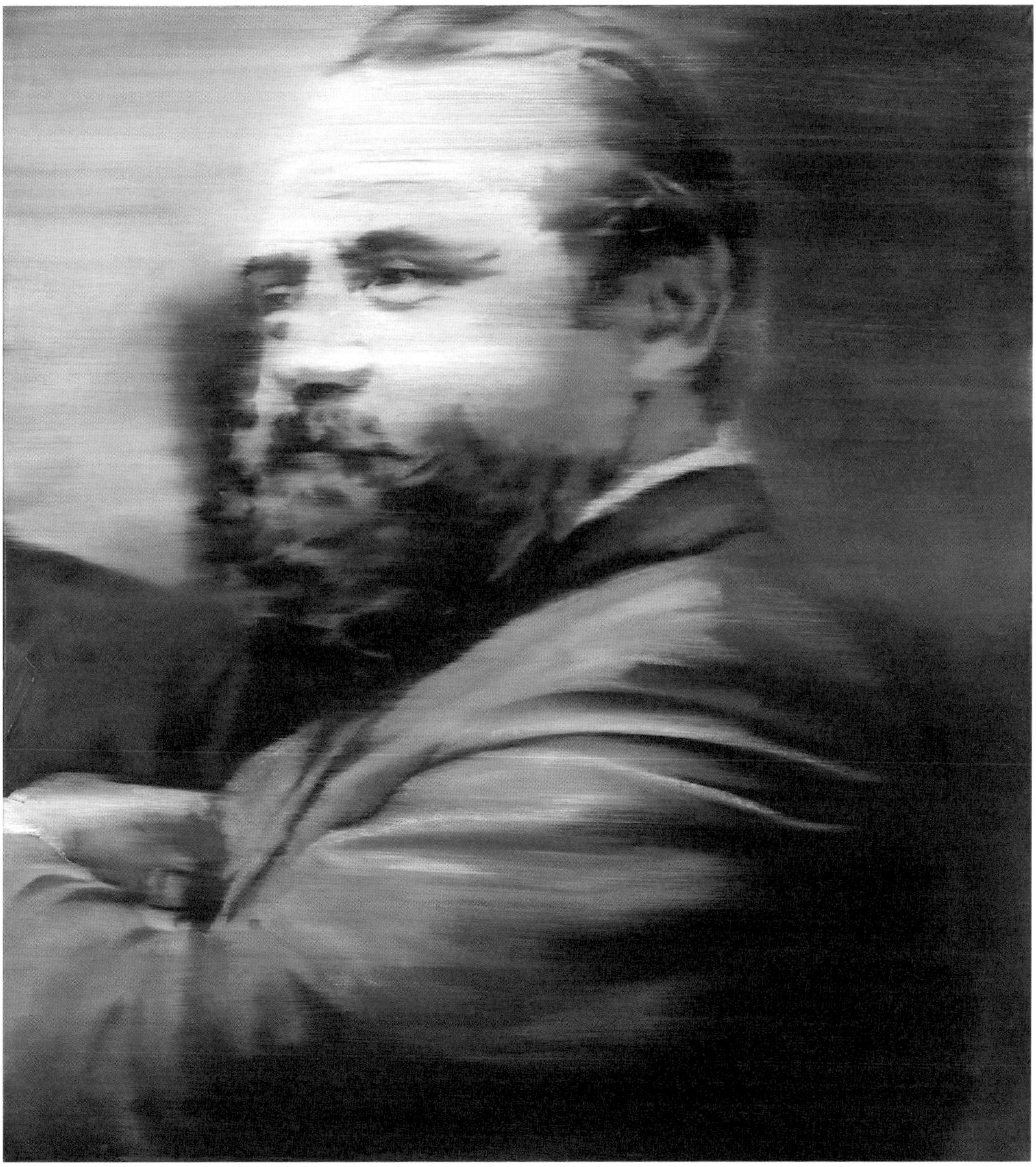

38

Gästebuch Galerie Schmela: Eröffnung Joseph Beuys: ... *irgendein Strang* ... /
Guestbook Galerie Schmela: Opening Joseph Beuys: ... *irgendein Strang* ..., 1965
mit Unterschriften u. a. von / with signatures from: Richter, Lueg, Konrad Klapheck,
Graubner, Dorothee Fischer, Ulrike Schmela, Wilfried Polke

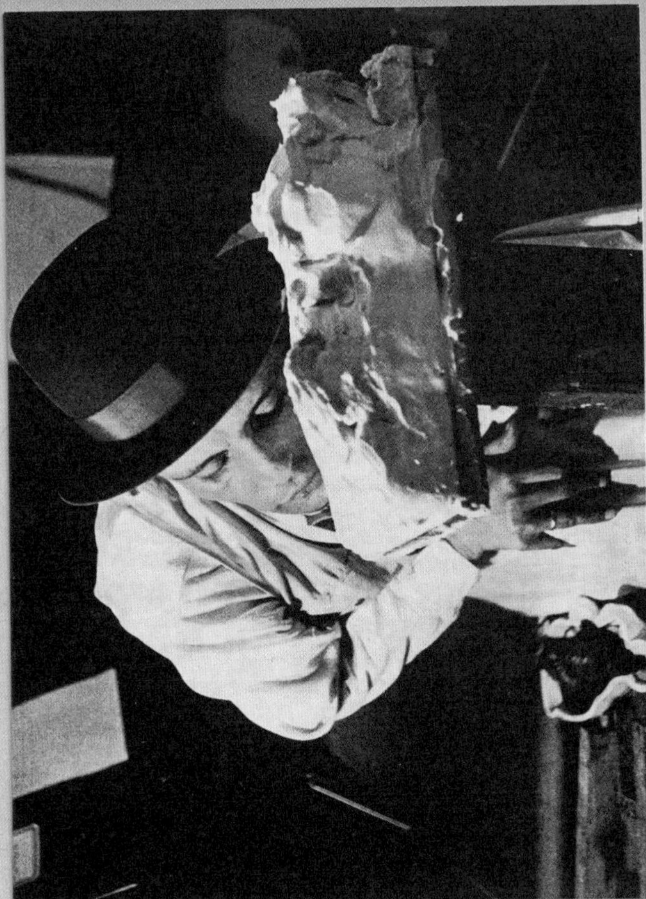

80 **Einladung zur Ausstellungseröffnung am Freitag, dem 26. November 1965, 20 Uhr, in der Galerie Schmela, Düsseldorf, Hunsrückenstraße 16-18, Fernsprecher 18176**

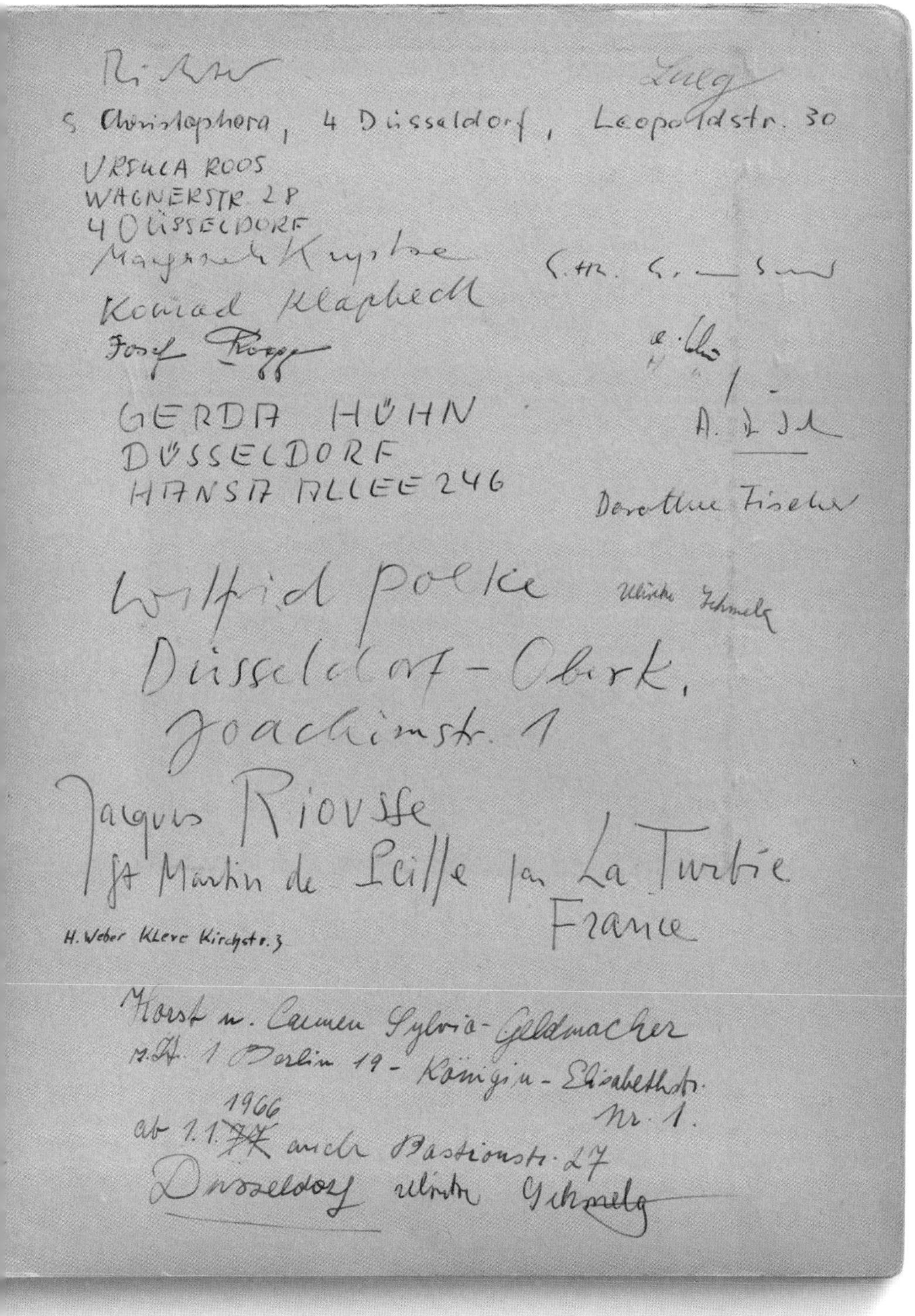
Lueg
5 Christophera, 4 Düsseldorf, Leopoldstr. 30
URSULA ROOS
WAGNERSTR. 28
4 DÜSSELDORF
Konrad Klapheck
GERDA HÜHN
DÜSSELDORF
HANSA ALLEE 246
Dorothee Fischer
Düsseldorf-Oberk.
Joachimstr. 1
Ulrike Schmela
Jacques Riousse
St Martin de Peille par La Turbie
France
H. Weber Kleve Kirchstr. 3
Horst u. Carmen Sylvia-Geldmacher
1 Berlin 19 - Königin-Elisabethstr.
Nr. 1.
ab 1.1.1966 auch Bastionstr. 27
Düsseldorf Ulrike Schmela

Alfred Schmela Joseph Beuys' *Manresa* betrachtend /
Alfred Schmela looking at Joseph Beuys' *Manresa*, 1966

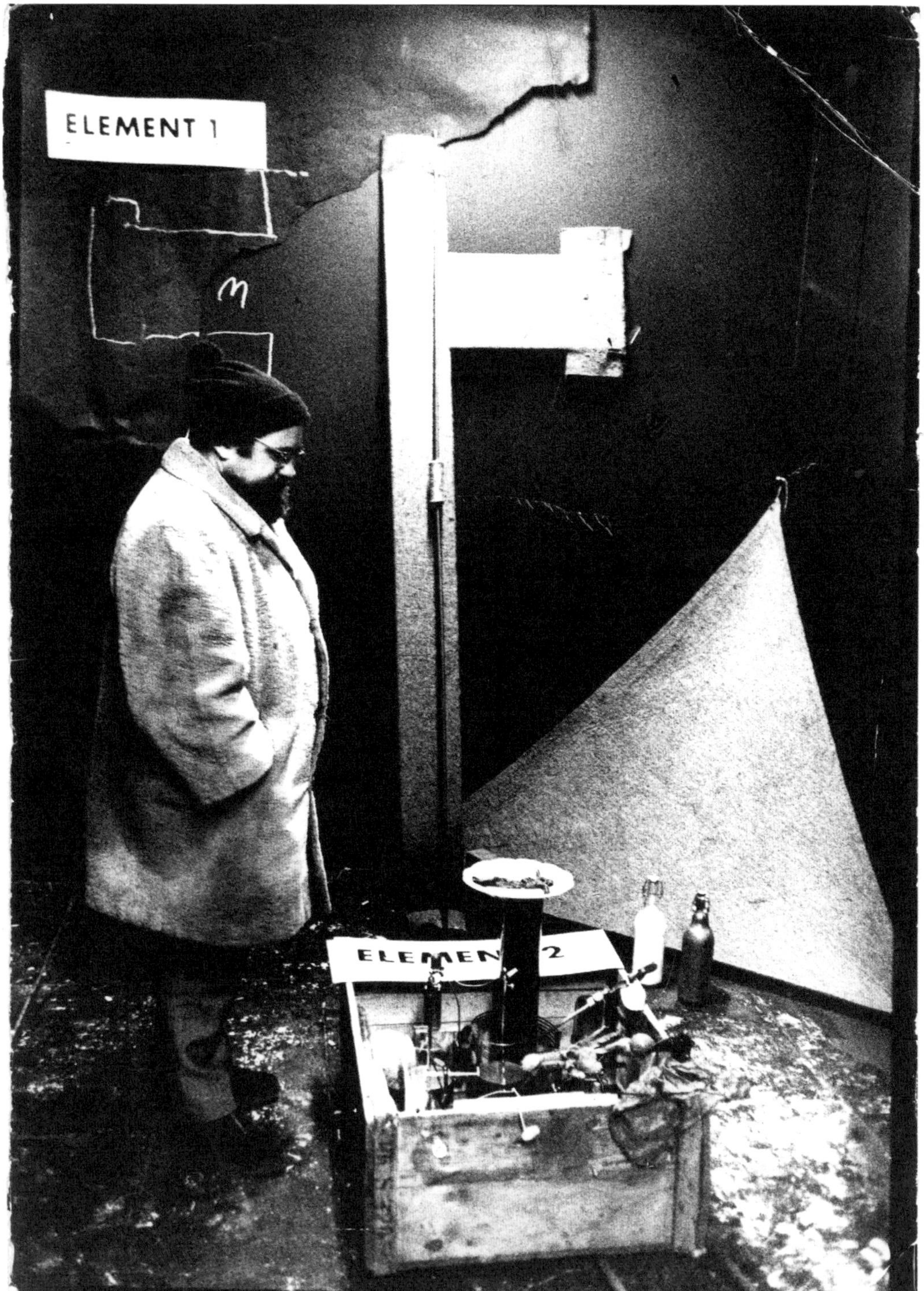

sich nicht wie geplant verwirklichen. Dieses erste explizit für den Galeriebetrieb entworfene und realisierte Gebäude Deutschlands stellte sich in der Umsetzung als äußerst kompliziert und wesentlich kostspieliger als geplant heraus. Alfred Schmela verlegte seine Galerietätigkeit übergangsweise in die große Familienwohnung am Luegplatz. Hier veranstaltete er weitere Ausstellungen mit bereits bekannten Künstlern der Galerie wie Lucio Fontana, Antoni Tàpies und Martial Raysse sowie den Neuentdeckungen Robert Filliou, Domenico Gnoli, Richard Tuttle und vielen anderen.[39] Künstler, Sammler, Museumsleute und Journalisten kamen und gingen. Sie wurden von Monika Schmela, die unter der Woche in der Galerie sämtliche Korrespondenz und Buchhaltung sowie Aufbau und Pflege des Archivs übernahm, samstags mit Eintopf und Kuchen bewirtet. Nicht selten öffnete Alfred Schmela den Besuchern die Tür im Bademantel. Die Kunstwerke hingen an den Wänden, standen in den Ecken, und die Atmosphäre lud zum Verweilen ein. Diese Symbiose von Kunst und Leben, die Alfred Schmelas Naturell entsprach, erwies sich als Erfolgsrezept, denn sie stand konträr zu den Entwicklungen des Kunsthandels, der sich seit

Hommage an Schmela / Homage to Schmela: *Kaffee und Kuchen* von Konrad Lueg / *Coffee and Cake* by Konrad Lueg, 1966, von links nach rechts / from left to right: Kiki Maier-Hahn, Dorothee Fischer, Margret Mack, Achim Reinert, Dr. Gisela Knobloch, Günther Stockhausen, Monika Schmela, Pina Bausch, Alfred Schmela, Konrad Fischer-Lueg

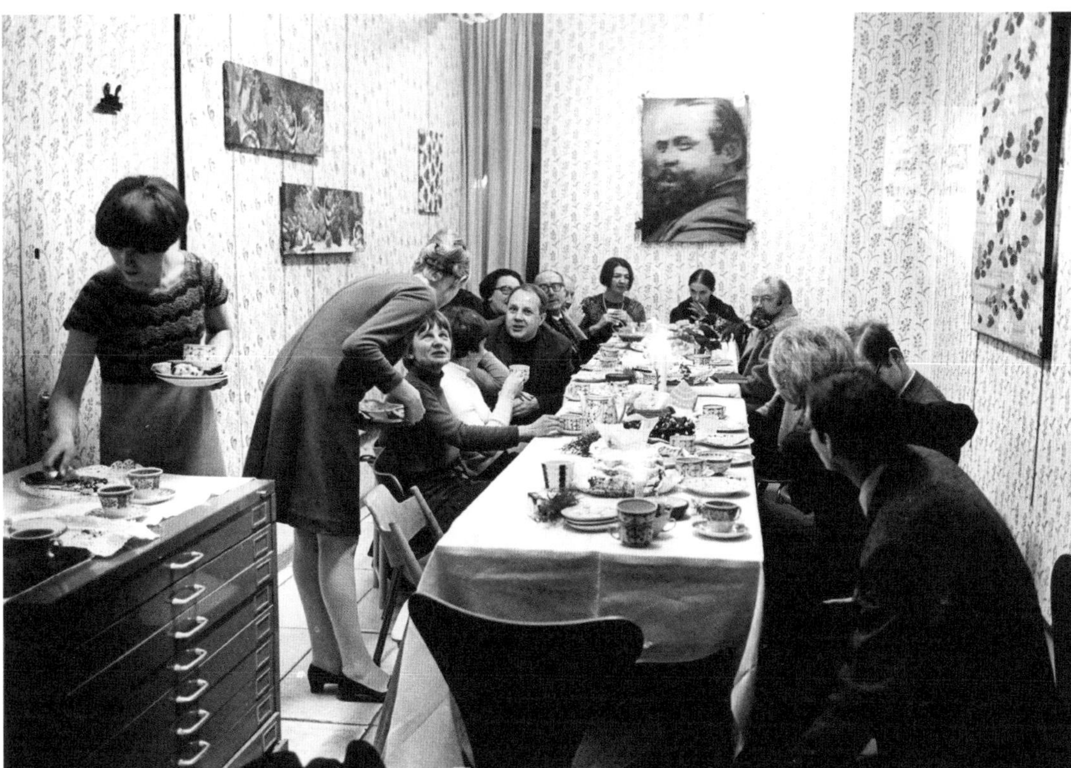

Lucio Fontana: *Concetto Spaziale, Attese*, 1959

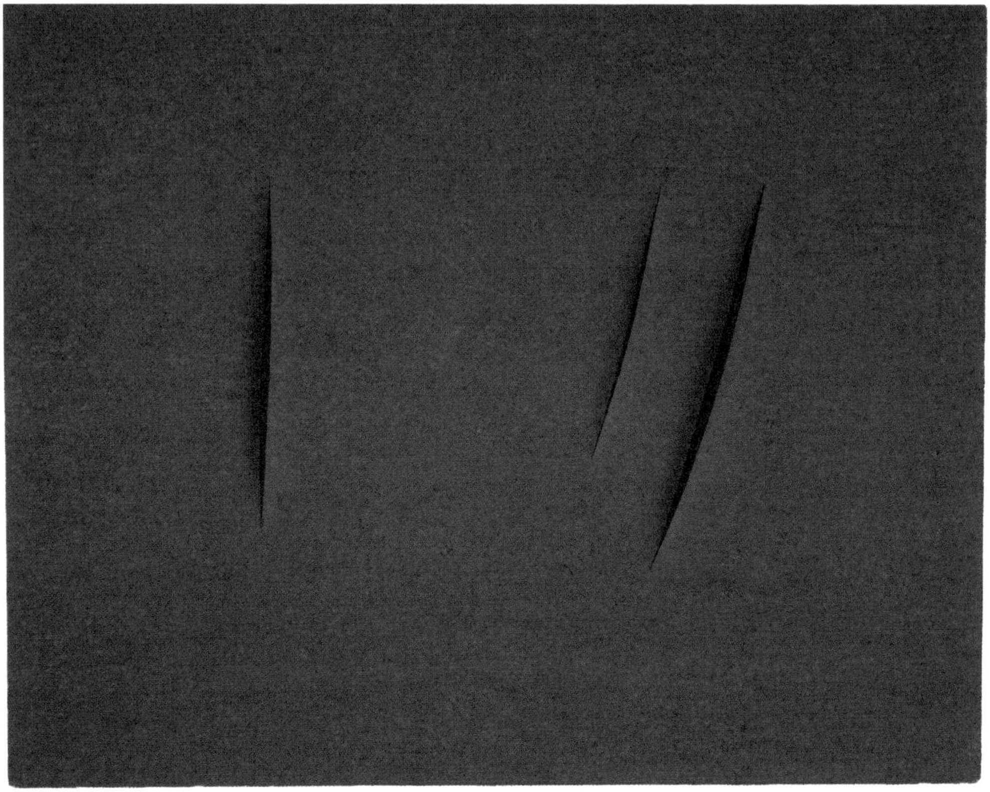

dem ersten Kunstmarkt Köln '67 im Umbruch befand. Das Geschäft mit der Kunst öffnete, internationalisierte und beschleunigte sich und geriet aufgrund der zunehmenden Kommerzialisierung in der Öffentlichkeit in Kritik. Konrad Fischers und Hans Strelows Ausstellungsreihe *prospect*, deren erste Ausgabe 1968 in der Düsseldorfer Kunsthalle stattfand und die in Abgrenzung zum Kunstmarkt Köln überwiegend auf Kooperationen mit internationalen Galerien setzte, brach die Dominanz einiger weniger rheinischer Galerien auf, verstärkte aber als Nebeneffekt den Konkurrenzdruck zwischen den beiden Rheinmetropolen. Alfred Schmela übte sich, wie er 1979 verdeutlichte, in Bezug auf den Messebetrieb in Gelassenheit: „… ich mache das ganz intuitiv. Wenn ich Lust habe, gehe ich, und wenn ich keine habe, dann bleibe ich zu Hause."[40]

Im Jahr 1969 wurde für die 100. Ausstellung der Galerie, Joseph Beuys' *Fond III*, das gesamte Mobiliar aus den Haupträumen der Wohnung am Luegplatz entfernt. Durch neun großformatige Stapel aus Hunderten von Filzplatten, die jeweils von einer Kupferplatte abgedeckt wurden, visualisierte der Künstler seine Idee der Batterie als Energie- und Wärmespeicher. Beuys schloss damit an seine Installation an, die er bei der 4. documenta 1968 unter dem Titel *Fond II* in einer Version aus Kupferblechtischen mit Aggregaten gezeigt hatte.[41]

Am 17. September 1971 eröffnete Beuys mit *Barraque d'Ull Odde* das Galeriehaus in der Mutter-Ey-Straße. Er ist damit der einzige Künstler der Galerie, der an allen drei Standorten, Hunsrückenstraße, Luegplatz und Mutter-Ey-Straße, Einzelausstellungen konzipiert hatte. *Barraque d'Ull Odde* bestand aus zwei Regalen voller kleiner Objekte und einer Videoinstallation, die auf zwei Monitoren die Aktion *Celtic* von 1970 wiedergab. Beuys integrierte die prägnante Architektur des Hauses, das durch die Verwendung von Sichtbeton, Bimbsbetonstein und Marmor weit von der Ästhtetik eines *white cube* abwich, in seine Gesamtkonzeption, indem er den Blick auf die Wände größtenteils frei ließ und sich auf installative Werke konzentrierte. Paul Wember erwarb die gesamte Installation für das Kaiser Wilhelm Museum in Krefeld. *Barraque d'Ull Odde* war der richtungsweisende Auftakt des Programms in der Mutter-Ey-

Gruppenbild in der Wohnung am Luegplatz / Group picture in the apartment at Luegplatz, ca. 1968 von links nach rechts / from left to right: vordere Reihe / front row: Gerhard Richter, Konrad Fischer-Lueg, Konrad Klapheck, Joseph Beuys, Rissa, Erwin Heerich, Hildegard Heerich, Norbert Tadeusz, hintere Reihe / back row: Margret Mack, Rotraut Klein, Günther Uecker, Monika Schmela, Alfred Schmela, Ilse Uecker, Marianne Brüning, Peter Brüning, K.O. Götz, Jochen Hiltmann, Gotthard Graubner, Gitta Graubner

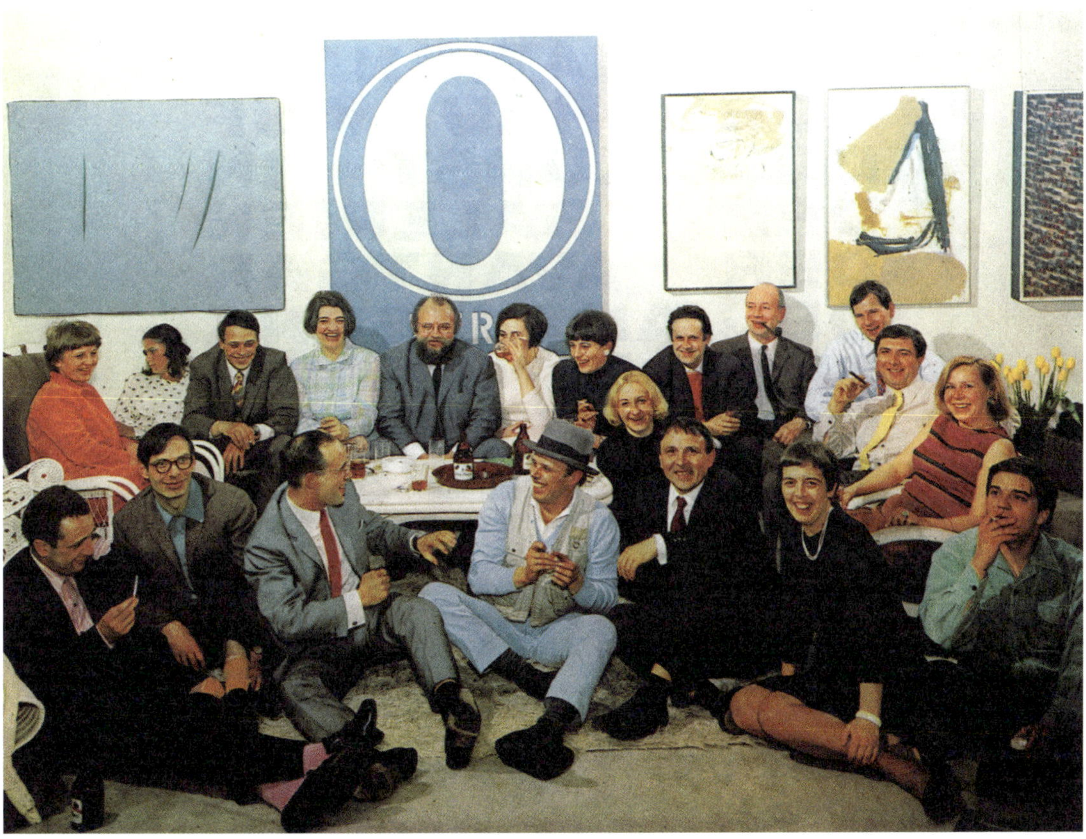

Ausstellung / Exhibition Lucio Fontana, Luegplatz, 1968

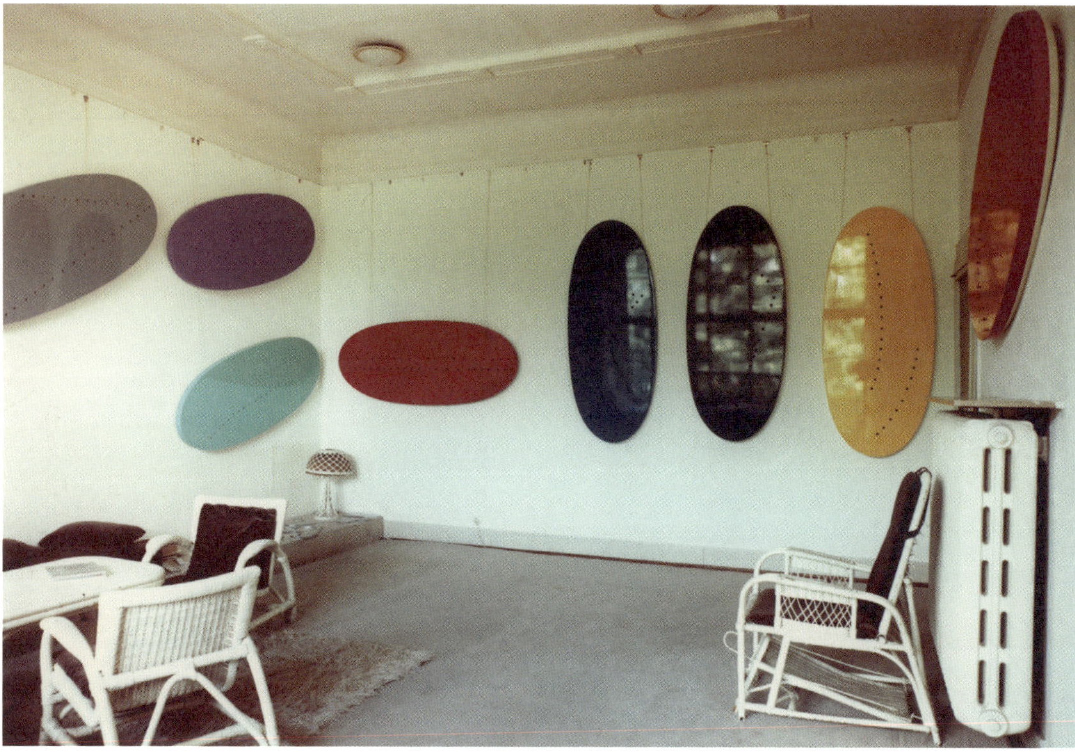

Straße. Im Jahr 1974 stellte Klaus Rinke im Rahmen seiner Einzelausstellung im Untergeschoss über 40 Fässer auf, die von der Feuerwehr mit Wasser gefüllt wurden. Fritz Schwegler trug 1977 seine *effeschiaden* vor. Im selben Jahr präsentierte Alfred Schmela die deutschlandweit erste Ausstellung von Gordon Matta-Clark. Er füllte das Souterrain der Galerie mit Fragmenten seiner architektonischen Eingriffe sowie Farbfotos, die diese „Verwandlungen" des Raums dokumentierten. Auch der amerikanische Konzeptkünstler Bruce Nauman stellte 1979 in der Mutter-Ey-Straße aus.[42]

Alfred Schmelas ursprüngliche Vorstellung, die oberen beiden Etagen des Galeriehauses mit der Familie zu bewohnen, wurde nie umgesetzt. Es war nicht genug Platz, und Monika Schmela war auf einen Rollstuhl angewiesen, sodass das Ehepaar mit den zwei Töchtern im Jahr 1975 in ein Herrenhaus im Lantz'schen Park in Lohausen zog. Alfred Schmela begann hier seinen Traum eines Skulpturengartens zu verwirklichen. Er ließ großformatige Außenskulpturen von Alexander Calder, Richard Serra, Ronald Bladen, Robert Grosvenor, George Rickey, Eduardo Chillida, Bernhard Luginbühl, Erwin Heerich, Claes Oldenburg und anderen Künstler produzieren oder kaufte sie und stellte sie auf. Doch dieses Zukunftsprojekt konnte er nicht mehr vollenden; im Jahr 1980 starb Alfred Schmela. Danach wurde die Galerie von seiner Witwe Monika und der Tochter Ulrike weitergeführt.

Joseph Beuys blieb der Galerie Schmela, wie viele andere Künstler, auch nach dem Tod Alfred Schmelas verbunden. 1983 realisierte er in der Mutter-Ey-Straße die monumentale, geschichtsbezogene Installation *DASENDEDES20. JAHRHUNDERTS*, bestehend aus 44 Basaltsteinen. Jedem dieser mehrere hundert Kilogramm schweren Monolithen wurde ein kegelförmiges Loch eingestanzt, das mit Filz und feuchtem Lehm gefüllt und anschließend mit dem zuvor herausgenommenen Basaltkeil wieder verschlossen wurde. Seinem theoretischen Ansatz folgend, brachte Beuys in einem Akt der Heilung die beiden zuvor von seiner Hand getrennten Teile wieder zusammen – und vermittelte so ein „optimistisches Sinnbild der Umgestaltungskraft des Menschen."[43] Die Steine wurden in organischer Formation, an ein Rudel Tiere erinnernd, im Galerieraum angeordnet. Wie bei *Barraque D´Ull Odde* blieben die Wände frei und trugen mit ihrem rauen Charakter zu der kraftvollen Wirkung des Kunstwerks bei. Es war Beuys' Idee, dass die Ausstellungsräume der Galerie im Halbdunkel liegen sollten; lediglich durch ein Oberlicht am Ende der Treppe fiel ein wenig Licht ein. Für die Besucher lagen Stabtaschenlampen bereit, mit denen sie die Installation, deren Zutritt ihnen verwehrt war,

Alfred Schmela in seinem Stand auf dem Kunstmarkt Köln'67 / Alfred Schmela at his stand at Kunstmarkt Köln'67, im Hintergrund / in the background: das Sammlerehepaar / the collector couple Ingrid und / and Willi Kemp

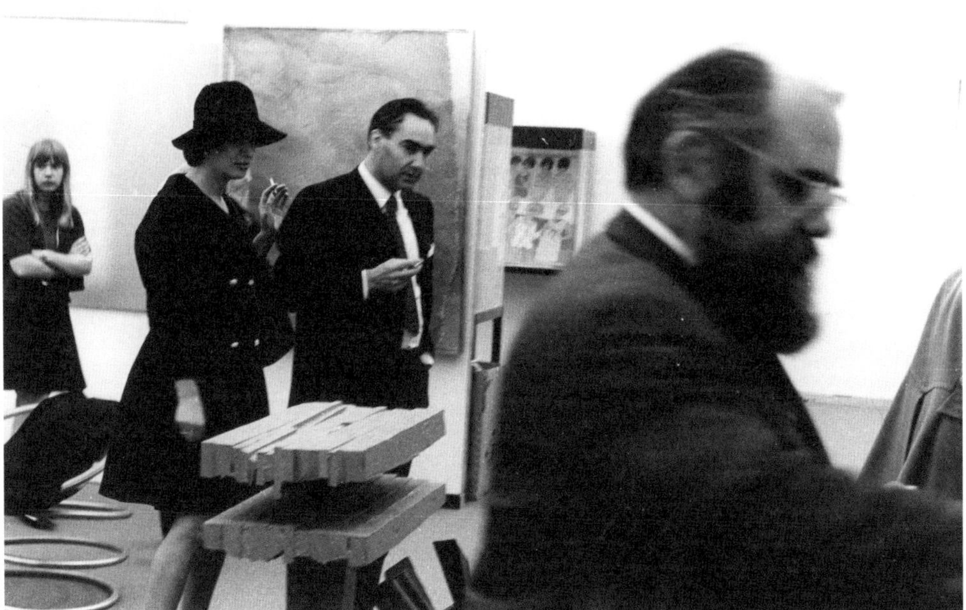

anstrahlen konnten, sodass die Werke nur aus der Vogelperspektive im Dämmerlicht zu sehen waren. Diese Inszenierung verlieh den Skulpturen eine mystische, geradezu unheimliche und schattenhafte Anmutung.

Alfred Schmelas Leben und Wirken haben weit über Düsseldorf hinaus Spuren hinterlassen. Sein Einfluss ist in den Sammlungen internationaler Institutionen sichtbar, und viele Künstler, die er entdeckte und vertrat, gelten heute weltweit als Ikonen. Als Mitgründer des Kunstmarkt Köln rief er die erste moderne Kunstmesse ins Leben. Er inspirierte mit seiner einzigartigen Weise, sein Geschäft zu führen, viele jüngere Galeristen. Norbert Kricke brachte es 1980 in seinem Nachruf auf den Punkt: „Wir müssen lange warten, bis wieder ein solcher Mann auftaucht, den eigentlich nichts als Kunst und immer wieder nichts als Kunst interessiert.“[44]

Alfred Schmela im Lantz'schen Park / Alfred Schmela at Lantz'scher Park, 1980

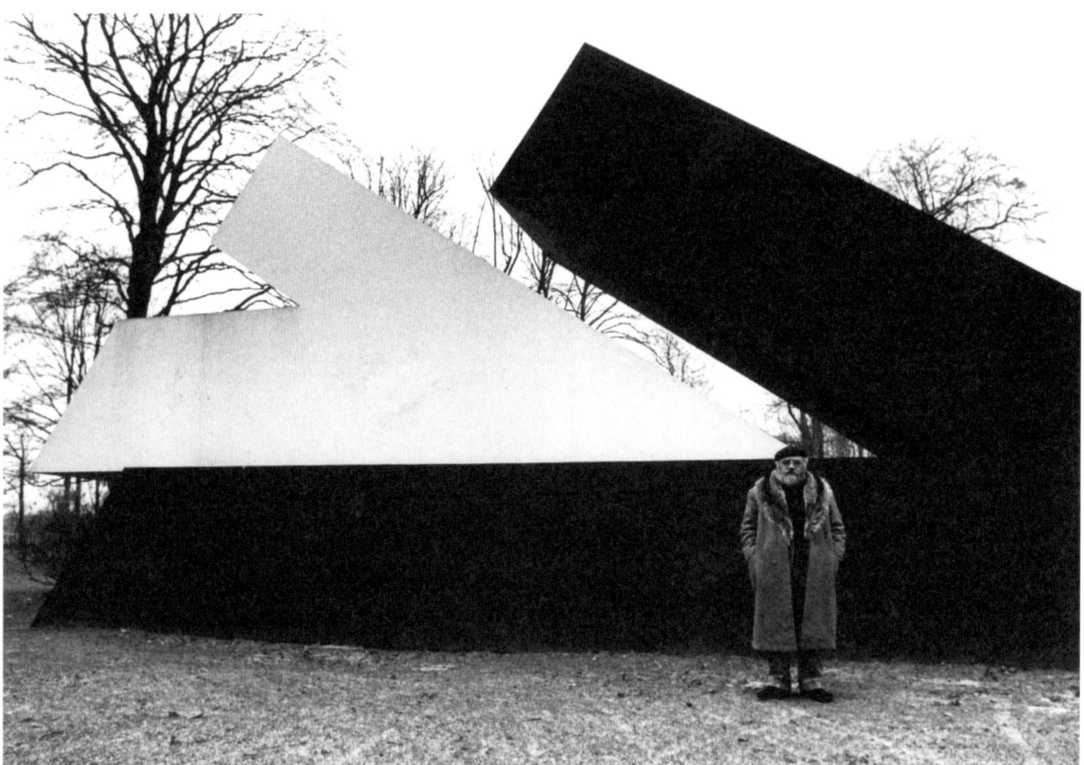

1 Vgl. Werner Abelshauser: *Die langen fünfziger Jahre: Wirtschaft und Gesellschaft der Bundesrepublik Deutschland 1945–1949*, Düsseldorf 1987, S. 30 f.

2 Vgl. *175 Jahre Kunstverein für die Rheinlande und Westfalen, Festschrift anlässlich des Jubiläums*, hrsg. v. Kunstverein für die Rheinlande und Westfalen, Rita Kersting, Kathleen Rahn, Doris Rother, Düsseldorf 2004/*Museum Kunstpalast, Eine Düsseldorfer Museumsgeschichte, Festschrift zum 100. Geburtstag des Museums*, Düsseldorf 2013/ Gudrun Ramthun: *Kulturpolitik in Krefeld nach dem 2. Weltkrieg*, zugl. Diss, Frankfurt a. M. 1982.

3 Vgl. *Zur Geschichte des Düsseldorfer Kunsthandels*, hrsg. v. Nadine Oberste-Hetbleck, Düsseldorf 2014.

4 Heinz Mack, in: *Stunde Null – die Kunstbewegung ZERO*, Dokumentarfilm von Anna Pflüger und Marcel Kolvenbach, 2014, Arte Edition/Kunstverlag Till Breckner, 52 Minuten.

5 Alfred Schmela in der Südwestdeutschen Zeitung, 23. Januar 1969, in: *Alfred Schmela: Galerist – Wegbereiter der Avantgarde*, hrsg. v. Karl Ruhrberg, Köln 1996, S.16.

6 Norbert Kricke: *Erkennen und Zugreifen. In memoriam*, in: *Die Zeit*, 1. August 1980, in: Ruhrberg 1996, S. 133.

7 Vgl. Bewerbung Alfred Schmelas auf den Posten des Leiters des Städtischen Museums Schloss Morsbroich, Leverkusen, vom 11.5.1959, Privatarchiv Ulrike Schmela.

8 Vgl. Texte von Wegbegleitern Alfred Schmelas, in: Ruhrberg 1996.

9 Beinahe 30 Jahre später, im Jahr 1986, definierte der Künstler und Kritiker Brian O'Doherty in seinem viel zitierten Werk *In der weißen Zelle. Inside the white cube* (Berlin 1996) eine solche Raumgestaltung als ideal für die Präsentation zeitgenössischer Kunst.

10 Zum deutschen Informel und seinen Galerien vgl. *Am Anfang war das Informel*, sediment 18, hrsg. v. ZADIK, Köln 2010/ *Le hasard fait bien les choses. Jean-Pierre Wilhelm, Informel, Fluxus und/and Galerie 22*, hrsg. v. Susanne Rennert, Sylvia Martin und Erika Wilton, Köln 2013.

11 Vgl. Martin Schieder: *Alfred Schmela, Yves Klein and a Sound Recording*, in: *Getty Research Journal*, No. 5, Los Angeles 2013, S. 133–147.

12 Vgl. Rezensionen zu *Propositions Monochromes*, in: Ruhrberg 1996, S. 25 ff.

13 Alfred Schmela in der Südwestdeutschen Zeitung, 23. Januar 1969, in: Ruhrberg 1996, S.16.

14 Vgl. Korrespondenz zwischen Klein, Arman und der Galerie Schmela in den Schmela Records, GRI, Los Angeles.

15 Interview von Peter Langer mit Alfred Schmela, ausgestrahlt am 15.11.1979 im Rahmen der Sendung „Galerie. Kultur heute" im WDR (Redaktion Kunst, Wibke von Bonin), Transkript, in: Ruhrberg 1996, S. 20.

16 Georg-Paul Friedrich, in: *Der Mittag*, 6.7.1960/*Pressespiegel*, in: Ruhrberg 1996, S. 36 f.

17 Vgl. Rezensionen der Ausstellung im Ausstellungsverzeichnis, Ruhrberg 1996, S. 36 f.

18 Vgl. Ramthun 1982.

19 Vgl. Ausstellungsverzeichnis, in: Ruhrberg 1996.

20 Vgl. ebd., S. 174.

21 Vgl. Gotthard Graubner: *Der menschliche Galerist*, in: Ruhrberg 1996, S. 107/Heinz Mack im Interview mit Lena Brüning, 26. November 2015/ Monika Schmela: *Erinnerungen*, in: Ruhrberg 1996, S. 198.

22 Vgl. Korrespondenz zwischen der Galerie Schmela und Yves Klein, Schmela Records, GRI, Los Angeles.

23 Vgl. Monika Schmela, *Erinnerungen*, in: Ruhrberg 1996, S. 209 f.

24 Vgl. Alfred Schmela in der Südwestdeutschen Allgemeinen Zeitung, 23. Januar 1969, in: Ruhrberg 1996, S. 16.

25 Vgl. Sigrid Ruby: *Have we an American Art? Präsentation und Rezeption amerikanischer Malerei im Westdeutschland und Westeuropa der Nachkriegszeit*, Weimar 1999.

26 Kricke 1980 in: Ruhrberg 1996, S. 133 f.

27 Vgl. Korrespondenz zwischen der Galerie Schmela und der Galerie Sidney Janis, Schmela Records, GRI, Los Angeles.

28 Vgl. Ausstellungsverzeichnis, in: Ruhrberg 1996, S.30.

29 Monika Schmela: *Erinnerungen*, in: Ruhrberg 1996, S. 196.

30 Vgl. Günther Herzog: *Wie die Pop Art nach Deutschland kam*, in: *sediment* 25/26, hrsg. v. ZADIK, Köln 2015, S. 11 ff.

31 Vgl. Monika Schmela: *Erinnerungen*, in: Ruhrberg 1996, S. 202.

32 Vgl. Katalog zur Ausstellung *Art Cologne 1967–2016. Die Erste aller Kunstmessen/ The First Art Fair, Koelnmesse 13.–17.4.2016 und ZADIK, Köln 25.4.–2.9.2016*, hrsg. v. ZADIK, Köln 2016.

33 Vgl. Korrespondenz zwischen Alfred Schmela und Hein Stünke, ZADIK, Köln.

34 Vgl. Ausstellungsverzeichnis, in: Ruhrberg 1996, S. 49 ff.

35 Vgl. *Die Rückkehr des Herrn Schmela, Festschrift anlässlich der Schenkung des Portraits Alfred Schmela von Gerhard Richter*, hrsg. v. Gesellschaft der Freunde der Kunstsammlung Nordrhein- Westfalen, Düsseldorf 2015.

36 Vgl. *Wolke und Kristall. Die Sammlung Dorothee und Konrad Fischer*, Katalog zur Ausstellung in der Kunstsammlung Nordrhein-Westfalen, K20 in Düsseldorf, 24.9.2016–08.1.2017/Sophie Richards: *Unconcealed. The International Network of Conceptual Artists 1967–77. Dealers, Exhibitions and Public Collections*, London 2009.

37 Monika Schmela: *Erinnerungen*, in: Ruhrberg 1996, S. 179.

38 Ausstellungsverzeichnis, in: Ruhrberg 1996, S. 53–56/Eugen Blume und Catherine Nichols: *Beuys. Die Revolution sind wir*, Katalog zur gleichnamigen Ausstellung im Hamburger Bahnhof, Museum für Gegenwart, Berlin, 3.10.2008–25.1.2009, S. 160-163.

39 Vgl. Ausstellungsverzeichnis, in: Ruhrberg 1996.

40 Interview Langer/Schmela, in: Ruhrberg 1996, S. 18.

41 Vgl. *Katalog zur documenta IV*, Bd.1, Kassel 1986, S. 34 f.

42 Vgl. Ausstellungsverzeichnis, in: Ruhrberg 1996.

43 Catherine Nichols: *Das Ende des 20. Jahrhunderts*, in: Blume/ Nichols 2009, S. 290.

44 Norbert Kricke 1980 in: Ruhrberg 1996, S. 133.

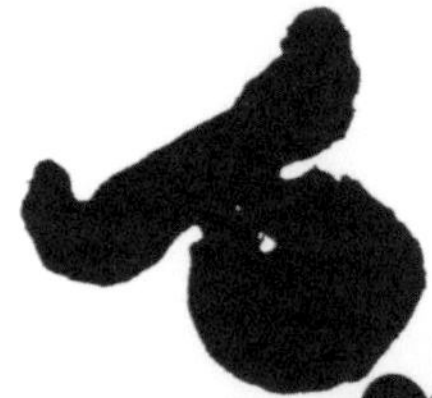

DASENDEDES20.JAHRHUNDERTS
JOSEPHBEUYS

Aufbau der Ausstellung *DASENDEDES20.JAHRHUNDERTS* von Joseph Beuys in der Galerie Schmela / Installation of the exhibition *DASENDEDES20.JAHRHUNDERTS* by Joseph Beuys at Galerie Schmela, 1983

Fotodokumentation von / Photo documentation by Andreas Brüning

Joseph Beuys' elfte und letzte Einzelausstellung in der Galerie Schmela, *DASENDEDES20.JAHRHUNDERTS*, versammelte 44 vom Künstler bearbeitete Basaltblöcke, die er im Untergeschoss des Galeriehauses in der Mutter-Ey-Straße anordnete. Andreas Brüning fertigte während der aufwendigen Installation zu Dokumentationszwecken für die Galerie zahlreiche Schwarz-Weiß-Aufnahmen an, von denen hier 13 exemplarisch gezeigt werden.

Joseph Beuys' eleventh and last solo exhibition at the Schmela Gallery, *DASENDEDES20.JAHRHUNDERTS*, featured forty-four basalt stones treated by the artist, and installed in the basement of the gallery at Mutter-Ey-Straße. During the complex installation process, Andreas Brüning took numerous black-and-white photographs for documentation purposes, thirteen of which are shown on the following pages.

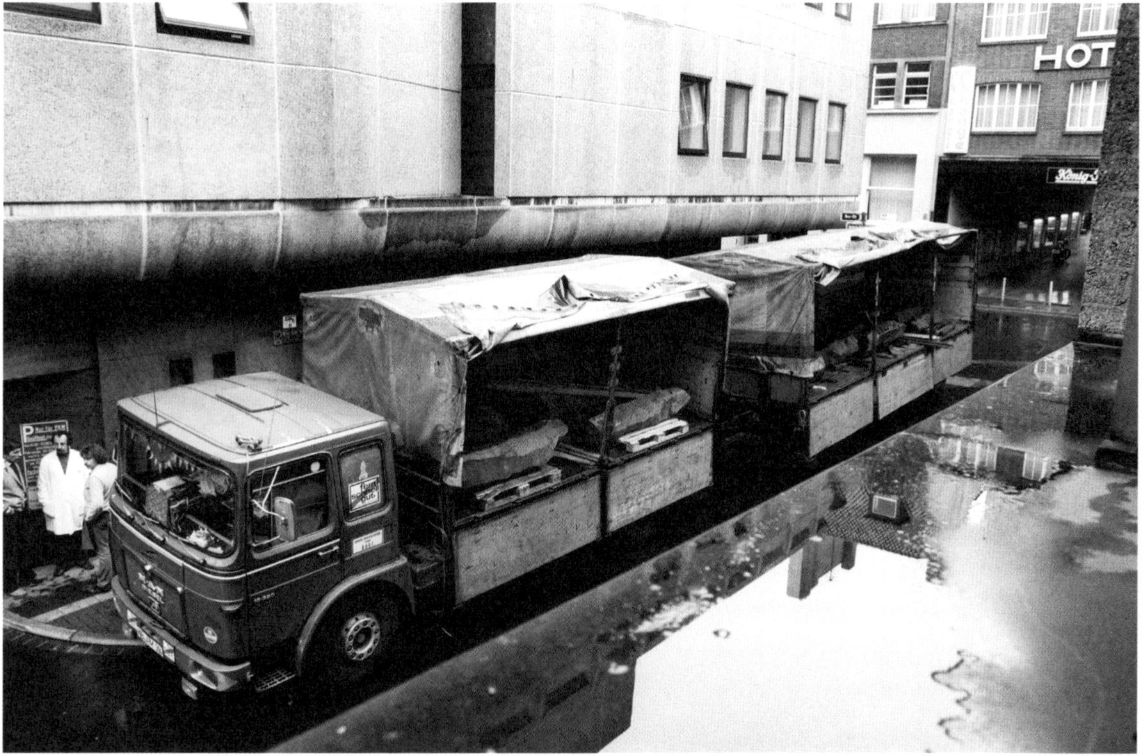
HOT
König

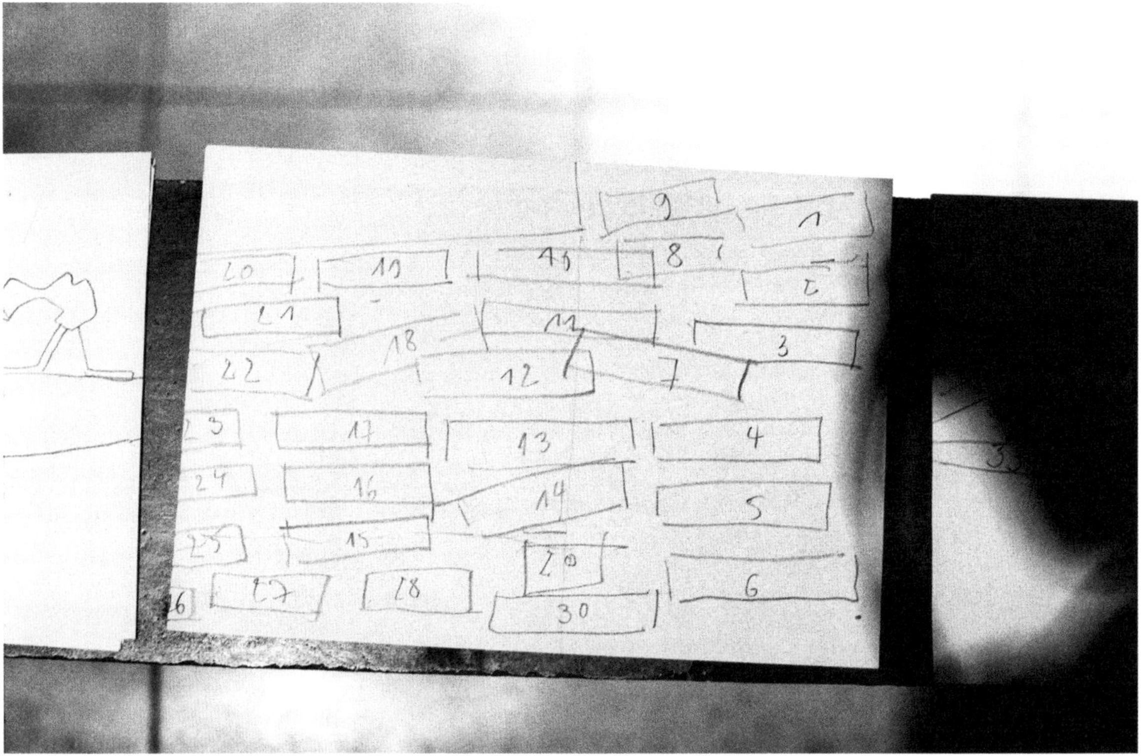

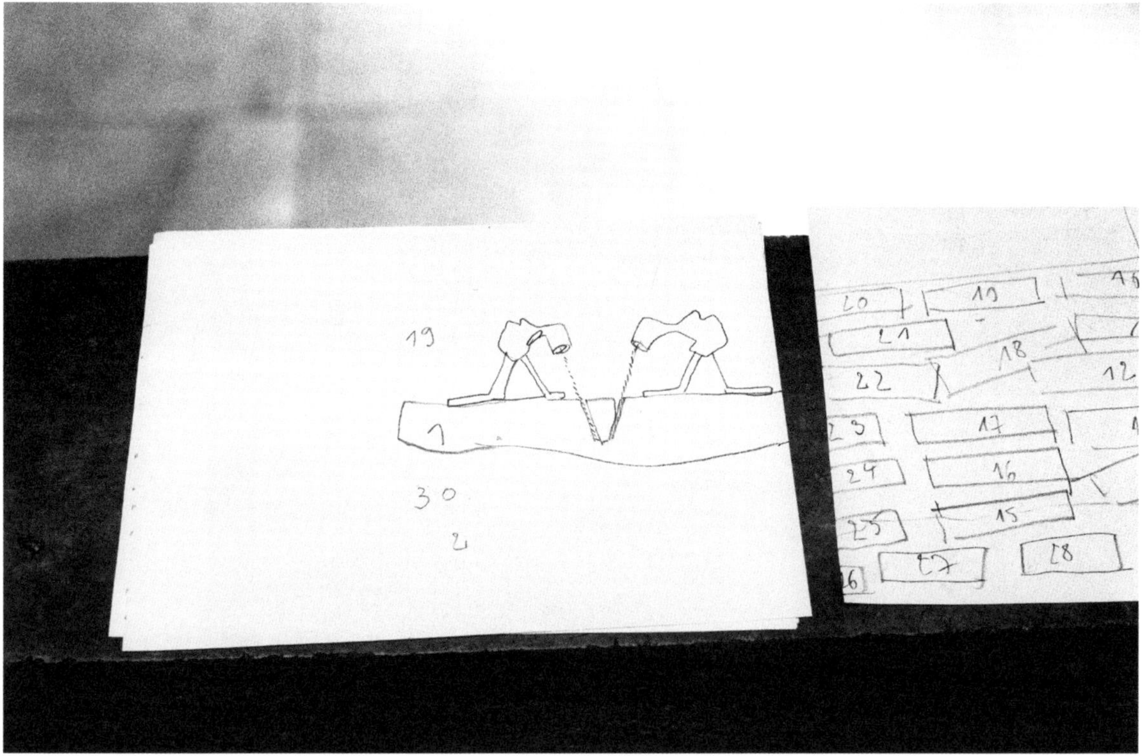
19
1
30
2
20
11
21
18
22
12
23
17
24
16
25
15
27
28
26

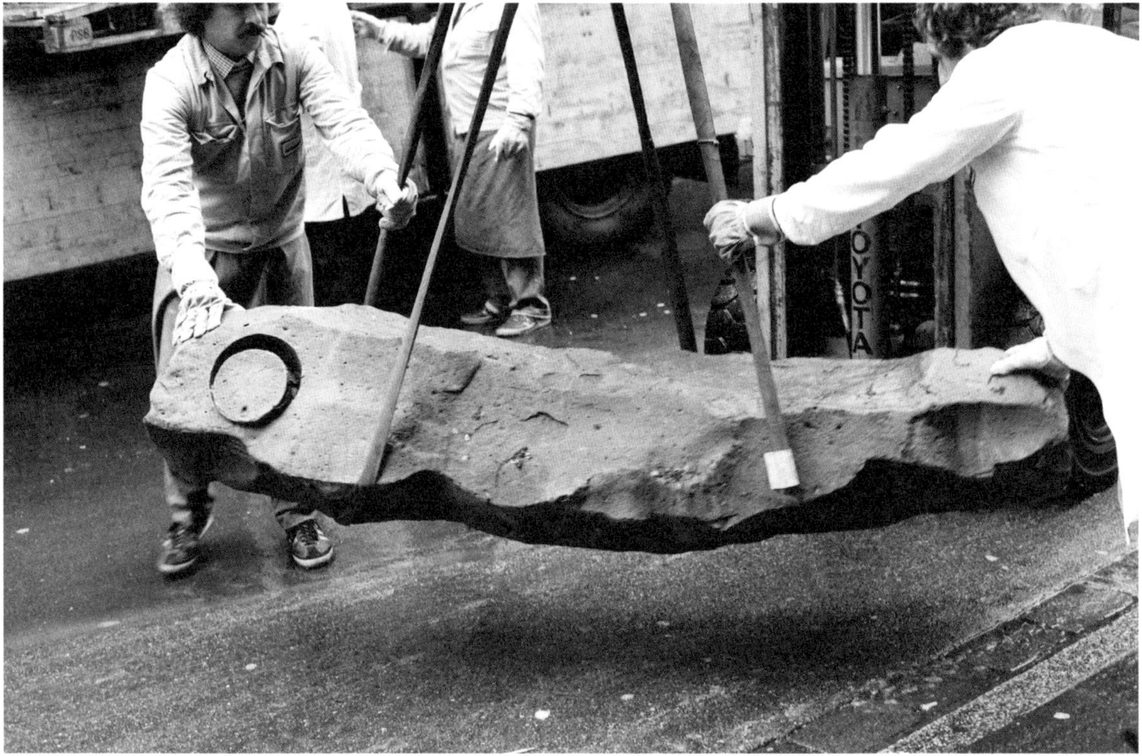
TOYOTA

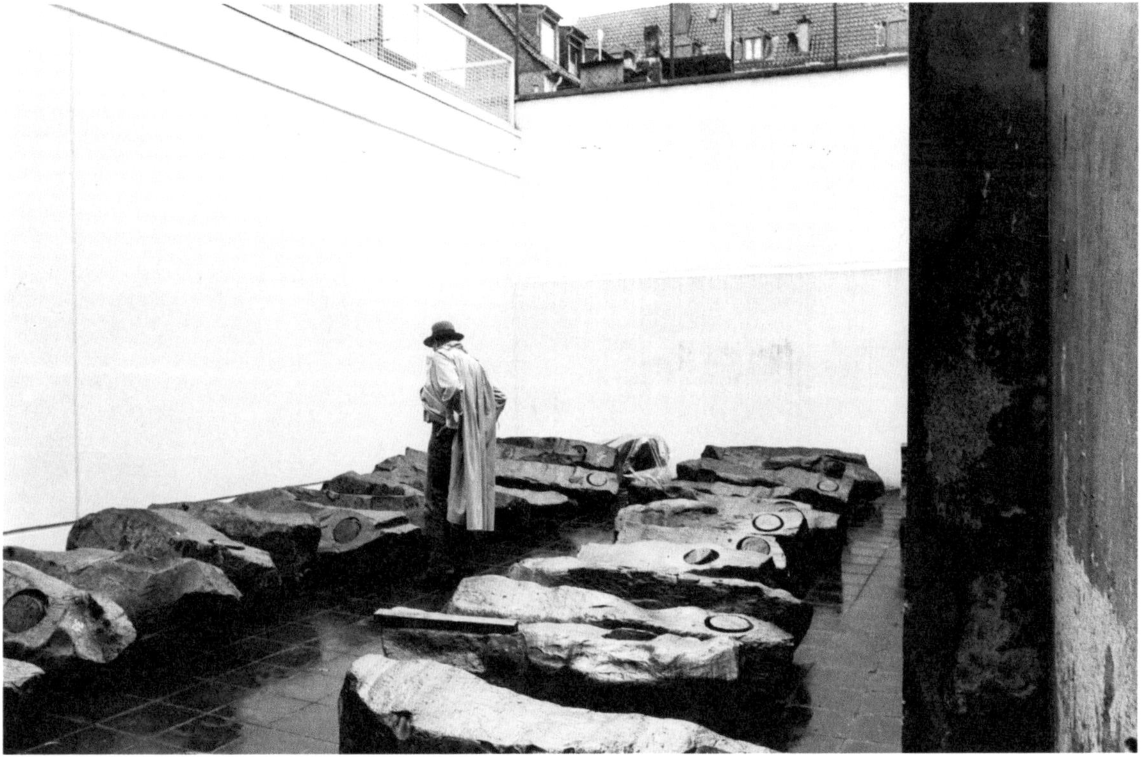

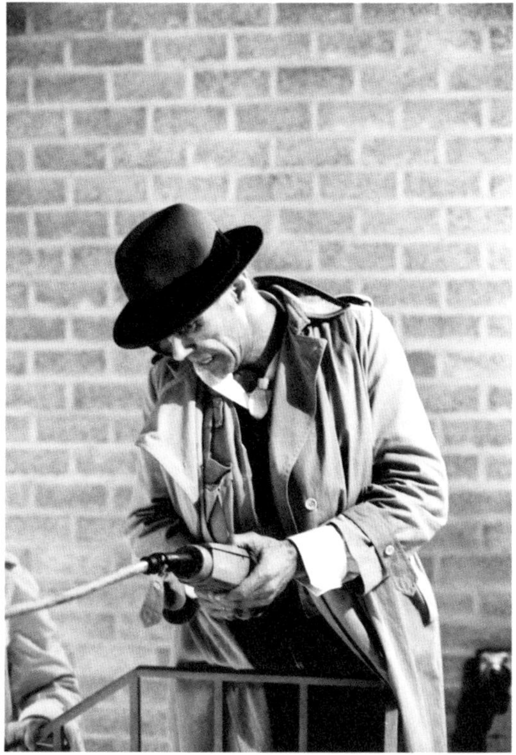

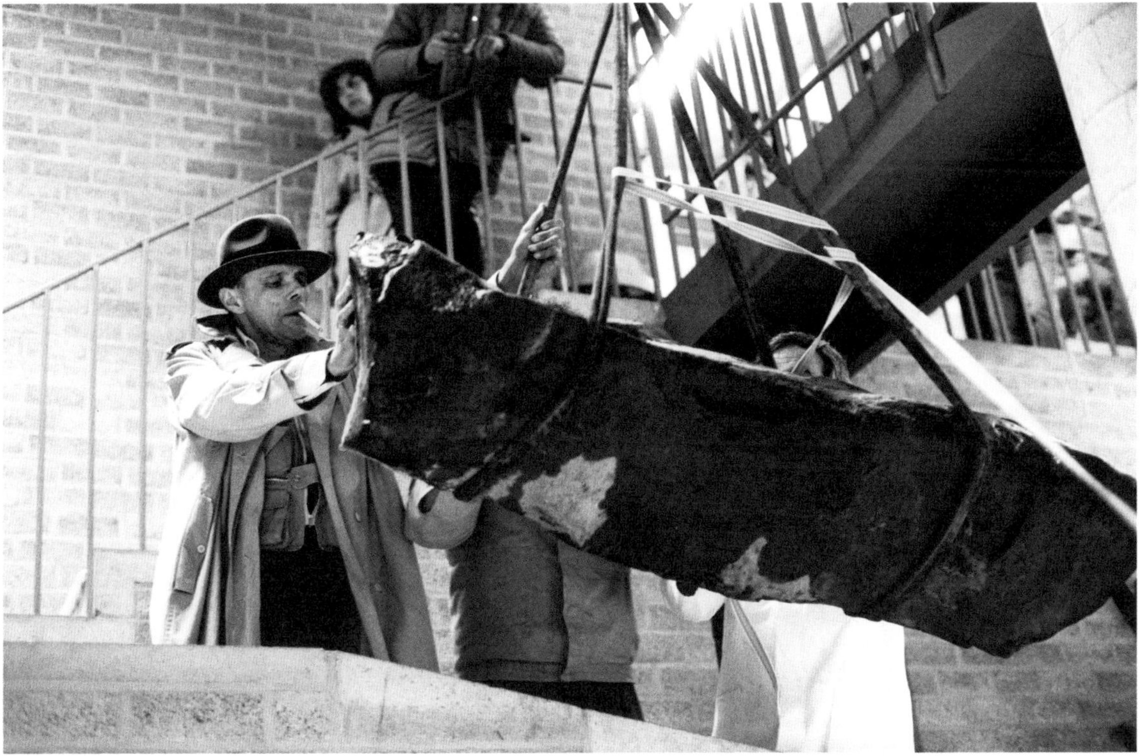

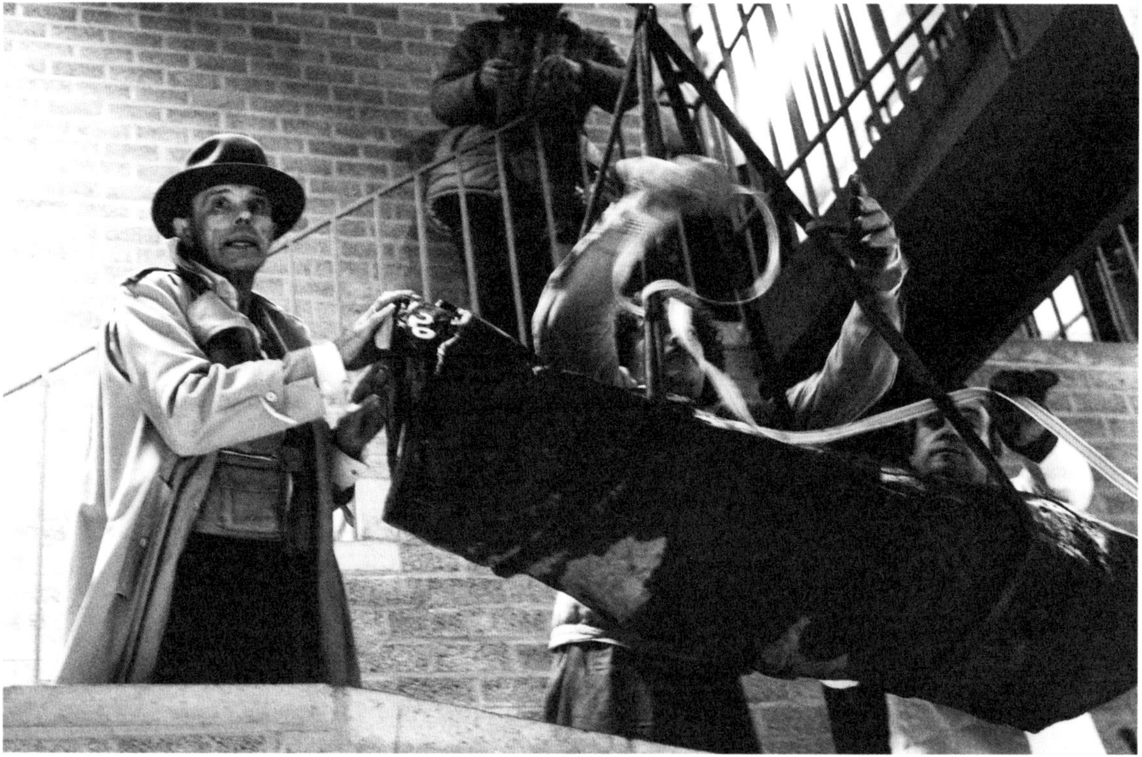

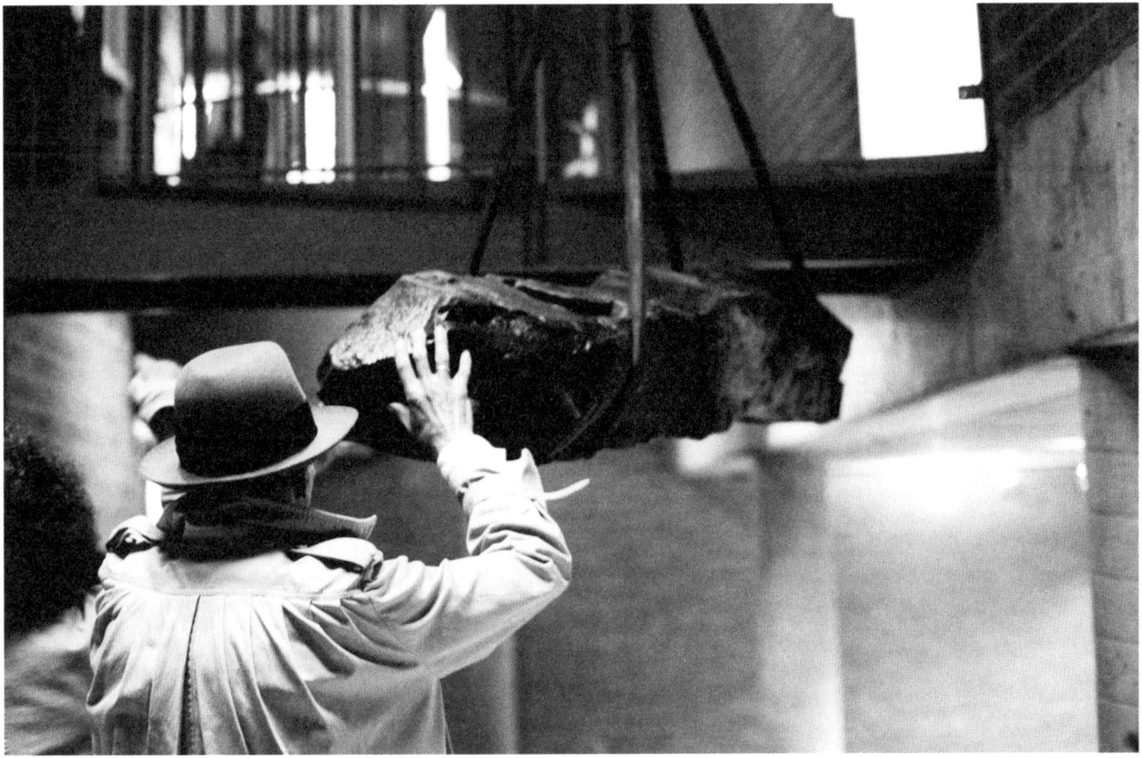

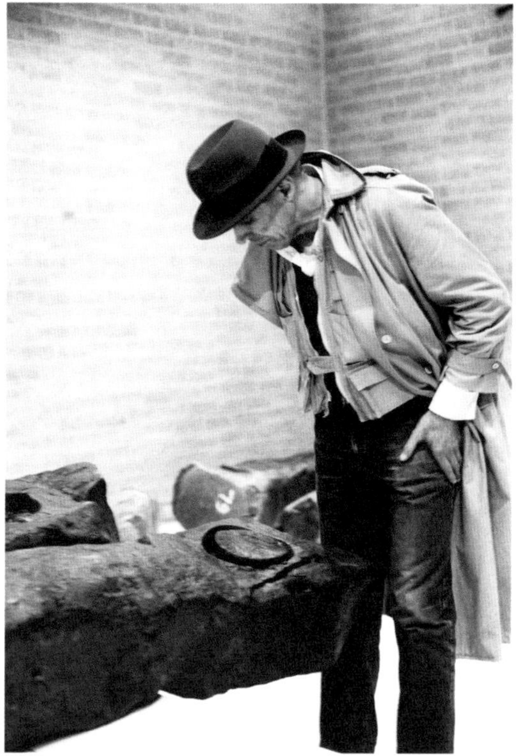

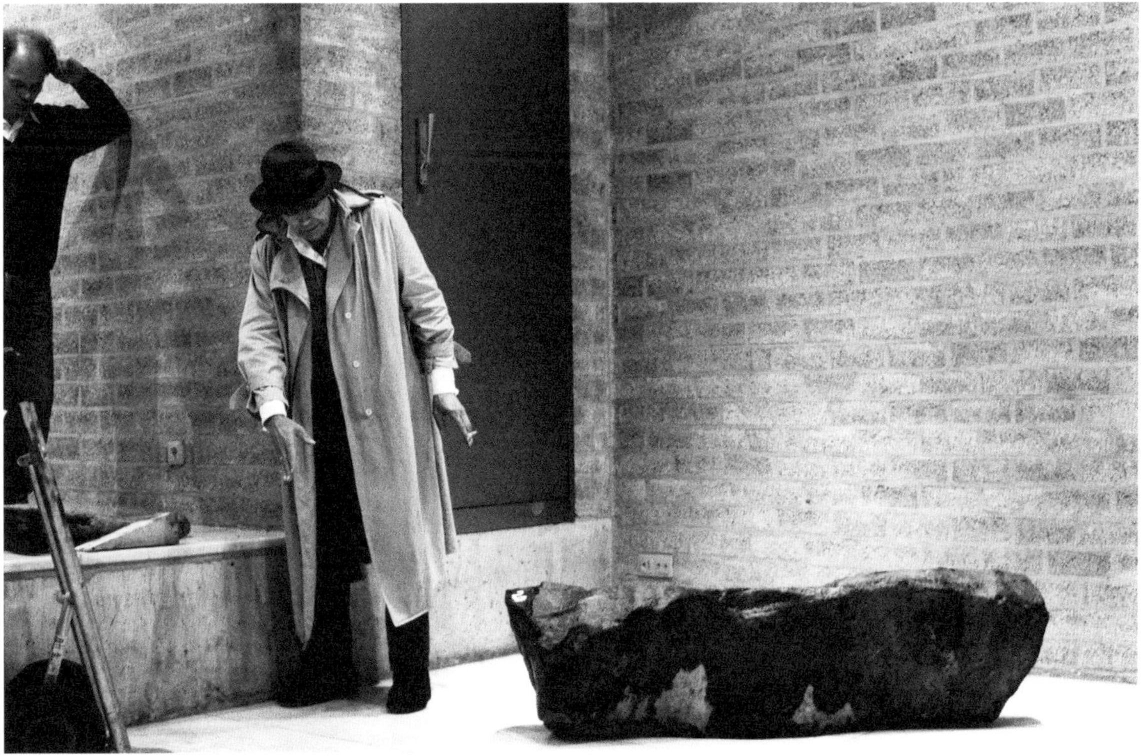

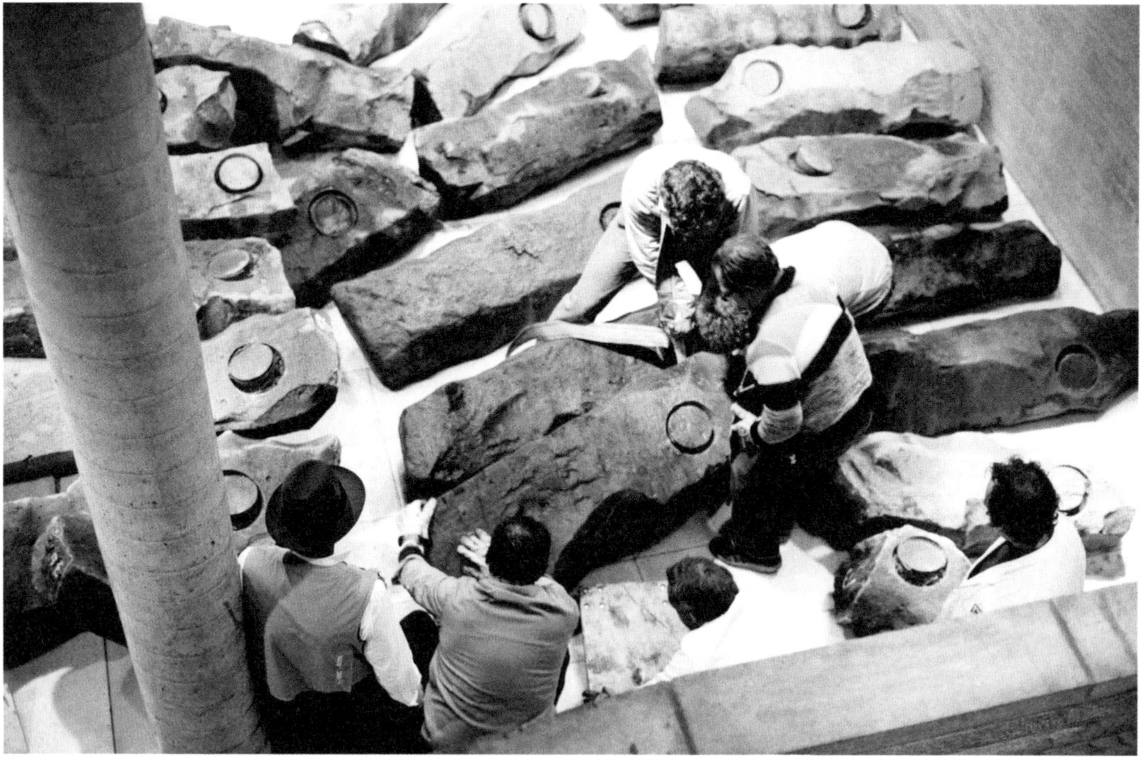

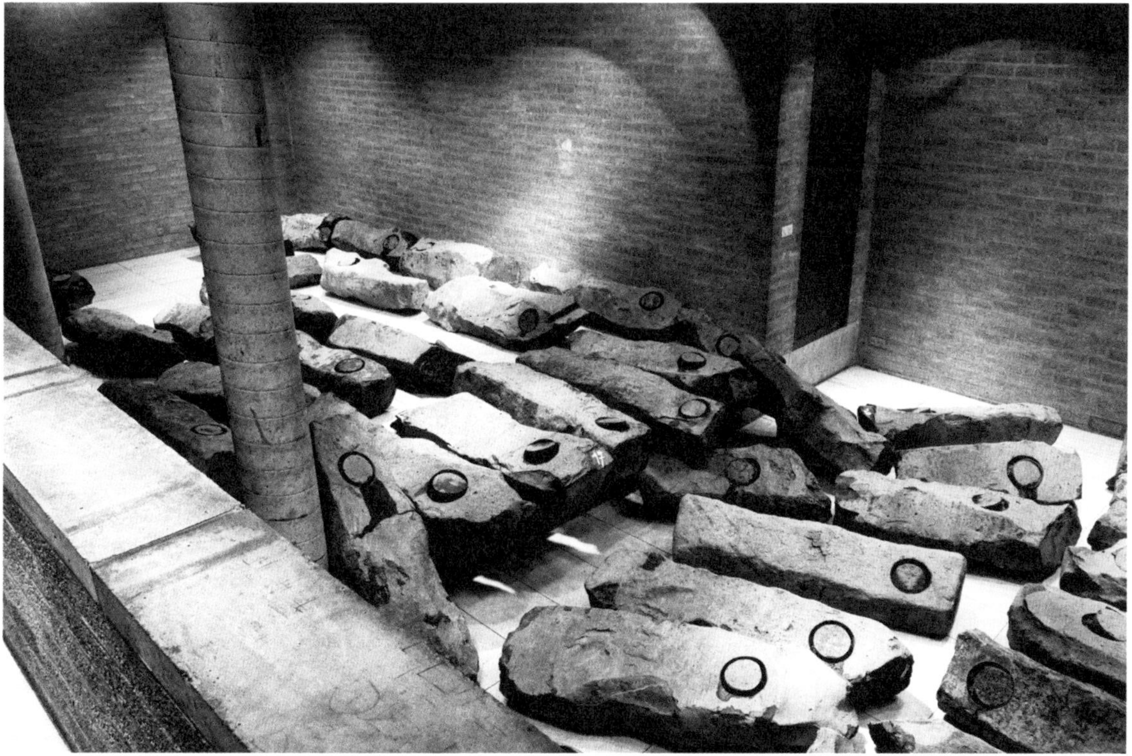

GALERIE SCHMELA
Düsseldorf, Mutter-Ey-Str. 3, Tel. 32 70 67
Mo.-Fr. 10-13 und 14-18.30 Uhr, Sa. 10-14 Uhr

218

JOSEPH BEUYS

27. Mai – 15. Juli 1983

Zur Eröffnung der Ausstellung am 27. Mai 1983, ab 19 Uhr, sind Sie herzlich eingeladen.

Susanne Gaensheimer
Director Kunstsammlung Nordrhein-Westfalen

Foreword

During the twenty-three years of his career as a gallery owner, Alfred Schmela (1918–1980) made a crucial contribution to the Rhineland's development into an important center of the international art scene. Starting in 1957, Schmela was a pioneer in presenting very early on the works of many outstanding, now famous artists in his Düsseldorf gallery, which became a central hub of the international art network in the late 1950s, 1960s, and 1970s. The performance art and exhibitions of Joseph Beuys, the ZERO group, and the representatives of Capitalist Realism at the Schmela Gallery are legendary. But the charismatic gallery owner, who had studied engineering and also tried his hand as an artist, extended his activities well beyond Düsseldorf and the Rhineland. For example, within the first ten years of the Schmela Gallery's existence, Schmela represented artists of the Nouveau Réalisme movement, including Yves Klein and Arman, with their first exhibitions. At the same time, he also facilitated bringing the works of prominent American artists to Germany, successfully introducing Abstract Expressionism, Pop Art, and Color Field painting.

There's hardly an artist from Schmela's program who has not achieved international fame. Private collectors have bought from Schmela, and renowned museums have appreciated his intuition, including the Kunstsammlung Nordrhein-Westfalen, which secured large-format paintings by Sam Francis and Ellsworth Kelly from him in the 1970s. Since 2014, the portrait of the gallery owner, painted by Gerhard Richter and donated by a generous collector to the Gesellschaft der Freunde der Kunstsammlung Nordrhein-Westfalen (Association of Friends of the Kunstsammlung Nordrhein-Westfalen), has been on permanent loan to the Kunstsammlung. Another very special connection between the state collection and Schmela is that his striking gallery building, designed by Aldo van Eyck, has been used as the Kunstsammlung Nordrhein-Westfalen's third location for almost ten years.

It was more than natural, therefore, for us to celebrate the hundredth anniversary of this exceptional gallery owner's birth date with an exhibition in his own former space! Upon its opening, in 1971, this building was actually the first in the Federal Republic of Germany planned specifically for exhibition purposes. It was only by chance that Doris Krystof, a curator at the Kunstsammlung Nordrhein-Westfalen, met Schmela's granddaughter and artmarket expert Lena Brüning, who is currently working on a dissertation on her grandfather's work, and was able to win her over as guest curator for this special exhibition project. I would like to thank both of them for their ideas, their commitment, and this wonderful exhibition, which combines carefully selected works by artists once represented by Schmela with meaningful archive material, some of which has not been shown before. It makes the broad, international spectrum of Alfred Schmela's gallery program visible and offers illuminating insights into his specific way of working.

Although since the 1980s research in the field of art history has increasingly delved into the art market of the twentieth century—its key players, structures, and mechanisms—an exhibition about the Schmela Gallery has yet to be developed. We are delighted to be able to make up for this omission and to provide an insight into the enduring work of this "pioneer of the avant-garde." In addition to Lena Brüning and Doris Krystof, I would like to thank Linda Walther, who took over the curatorial assistance for the exhibition. My sincere thanks also go to Charlotte Wagner-de Souza Silveira, who made a decisive contribution to the success of the project and was involved in the exhibition management. My gratitude also goes out to all the staff members of the Kunstsammlung Nordrhein-Westfalen who have made this exhibition possible—in particular Katharina Nettekoven and Johanna Eßer, Registrars, Otto Hubacek and his team, Conservation, and Cordula Frevel, Publishing. I would also like to take this opportunity to warmly thank our colleagues in the communication, technology, and education departments. To our external partners, I would like to extend a heartfelt thank you for their cooperation: to Adeline Morlon for the wonderful catalogue design, to the Schmela family for their invaluable support, to the archives, and to the photographers who have enriched the exhibition with documentary material. My special thanks go to the Association of Friends of the Kunstsammlung Nordrhein-Westfalen and its chairman, Robert Rademacher, who most generously supported the exhibition and without whom *Alfred Schmela: A Centenary Exhibition* would not have been possible.

Robert Rademacher
Chairman Gesellschaft der Freunde der Kunstsammlung Nordrhein-Westfalen

Personal Memories of Alfred Schmela

I met Alfred Schmela for the first time in 1972, one year after he had opened his gallery building on Mutter-Ey-Straße. Friends from Cologne had urged me to check it out, saying if I were really interested in contemporary art, then I absolutely had to visit this Düsseldorf gallery owner, who showed very interesting artists and was meant to be a very impressive personality himself. On top of this, he had just had built not only a new gallery space but—one would hardly think it possible—an entire new building. That had never before happened in Germany!

So, I went to Mutter-Ey-Straße and met Alfred Schmela in person. My friends had not exaggerated about the "impressive personality." Schmela walked me through the current exhibition, which featured works by an artist previously unknown to me, Ulrich Erben. I particularly liked a white painting. On closer inspection, one discovered three rectangular fields—also white—with a slightly different surface texture. Schmela explained to me that it was a landscape painting depicting the flat landscape at the Lower Rhein, the area where the artist lived and worked. The longer I looked at the painting, the more of the landscape I actually saw. I inquired about the price. Schmela stated 6,000 DM. Seeing the expression on my face, he must have realized that it was a little too much for me to buy on the spur of the moment. He then asked me in his inimitable way how much money I had. I hesitated slightly with my answer. He continued: "Have you got a thousand marks a month?" When I affirmed that, everything else was very simple: "Then pay six times a thousand and the painting is yours!" Today, after forty-six years, I can no longer understand that someone wouldn't immediately recognize a "landscape" in this monochrome painting.

From that point on, I was in the Schmela Gallery more frequently, often with the "fatal" result of several installment payment plans running in parallel. Alfred Schmela simply had a "heart for children"—that is to say, for "frivolous" young collectors. From today's point of view, however, one should even have been much more frivolous, as following Schmela's recommendations never proved disadvantageous for anybody.

Alfred Schmela also made it possible for me to get to know Joseph Beuys somewhat better by inviting me to the lectures that Beuys held for a small circle in the lower rooms of the gallery building. Despite attending several of these meetings, I didn't succeed in achieving a greater understanding. On the contrary, I have to admit that, at the end, I was more confused than I'd been in the beginning. Nevertheless, these sessions with the great shaman were of course very exciting.

If you wanted to visit Alfred Schmela from 1975 on, then you wouldn't necessarily find him only in the gallery on Mutter-Ey-Straße but also in Lohausen, close to the airport, where he had rented the Lantz'sche Villa with its magnificent park. There, for the first time, you could also admire monumental sculptures. Unfortunately this chapter of his life lasted only five years, until his untimely death in 1980.

For over a hundred years the gallery scene in the Rhineland has held a leading position in Germany, which—apart from a hiatus during and after the Second World War—has continued at a high-quality level. Without any question Alfred Schmela made an outstanding contribution to the scene in the more than twenty years of his gallery career!

Lena Brüning

Alfred Schmela: Pioneer, Provocateur, Initiator

Alfred Schmela opened his gallery in 1957, when Germany was in a historic interim phase: shortly after the early post-war period, but still before the years of the *Wirtschaftswunder* (the economic miracle).[1] Only a few institutions in Düsseldorf and the surrounding area were able to hold regular exhibitions. These included the Kunstverein für die Rheinlande und Westfalen (Art Association for the Rhineland and Westphalia), which was housed in a part of the destroyed Alte Kunsthalle on the Grabbeplatz, the Kunstmuseum Düsseldorf in the Ehrenhof, and the Kaiser Wilhelm Museum in Krefeld.[2] At that time in Düsseldorf, the Königsallee was dotted with almost exclusively long-established galleries that had reopened after the war and mainly offered works of art from the nineteenth century.[3]

Young artists, on the other hand, had hardly any platforms in which to present their work and few opportunities to inform themselves about current developments, both within Germany and beyond. Although the Informel—the first artistic movement after the Second World War—was rooted in French *art autre*, it was perceived by the German art public as a movement in its own right. Supported by cultural policy, it had dominated the exhibition business for a number of years; to these young artists, it seemed frozen in time and outdated. With the founding of the Schmela Gallery, this "cultural vacuum"[4] was filled; those seeking orientation could meet like-minded people there and receive fresh impetus to follow their own paths of cultural production. In Alfred Schmela, they found a mediator with a pioneering spirit, and the gallery quickly developed into a center of an art network for a generation of artists seeking upheaval and change.

In 1969, Alfred Schmela described his attitude toward art as commodity: "I am of the opinion that a speculator should buy land or shares instead. For art is a spiritual thing, and the spirit is not an object of speculation."[5] His long-time friend, the sculptor Norbert Kricke, reminisced in 1980: "Actually [Schmela] was an artist through and through. [...] He spoke like an artist, judged like an artist who understands something of the matter, never spoke in empty phrases, but always bluntly expressed what he thought."[6] At the same time, Alfred Schmela was a committed art dealer, so that after a few meager early years, during which he thought at least once about giving up the gallery,[7] he did indeed find some buyers for the artworks. Kricke's subsequent remarks, and the stories of many companions and contemporary witnesses, make it clear that although the financial aspect was important to Alfred Schmela, he valued a sale above all as proof of his successful mediation; the works of art were meant to go out into the world and display their effectiveness.[8] This may also be the reason why he had no interest in building up his own collection.

The gallery space, which the Schmela couple rented in 1957 after some negotiation with the city administration, was a narrow shop at Hunsrückenstraße 16–18 in the heart of the old town. It had ten square meters of floor space, which they themselves renovated with little means. Aside from the graphic cabinet, whose extended top drawer was covered with a wooden top to serve as a desk, and two Eiermann folding chairs, there was no furniture. Floor, walls, and ceiling were painted white, while neon tubes running centrally along the ceiling radiated bright, clear light.[9] The closeness of the room, which could also have had a repellent effect, was broken up by the large shop window, making it clear that this was a commercial business. Placing works of art in the window attracted a lot of attention with little effort. Through the installation of the works, or by performances or activity in the window, the boundaries between inside and outside could be dissolved or even reversed. The choice and design of his rooms set Alfred Schmela apart from other German galleries of his time, which, like the long-established traditional galleries on Königsallee, usually inhabited the first or second floor of a residential building.

But it also differed from the few younger galleries dedicated to Informel, such as Rolf Jährling's Parnass in Wuppertal or Jean-Pierre Wilhelm's Gallery 22, which was also founded in Düsseldorf in 1957.[10]

The Schmela Gallery opened on May 31, 1957 with Yves Klein's solo exhibition *Propositions Monochromes*. It thus proved itself radically and uncompromisingly as being turned toward the new. Klein's Paris gallery owner Iris Clert supported the cooperation. The exhibition's biggest painting, *Monochrome Bleu*, was hung in the shop window as if floating there, stirring the imaginations of the Düsseldorfers strolling by. *La Minute de Vérité*, Pierre Restany's exhibition text printed on the invitation card, was deemed so challenging by the gallery owners that they dispensed with a German translation for the gallery display. A few days after the vernissage, they held an artist's talk at the exhibition. The tape recording made by Yves Klein demonstrates how unfamiliar and difficult it was to convey the sight presented there to the attendees. Yves Klein and the critic Pierre Restany, who opened the conversation that evening, spoke exclusively in French, making comprehension even more challenging for most of those present. Alfred and Monika Schmela remained silently in the background. The audience included the gallery owner Jean-Pierre Wilhelm, the artist Norbert Kricke, who had brought Klein and Schmela together, and the painter Konrad Klapheck. Even though the Düsseldorf artists tried to translate and defend Klein's works, they lacked the conceptualities to completely grasp and classify this previously unknown art.[11] Reactions from the press further testified to their incomprehension; some even felt personally attacked.[12] Hardly any of the predominantly small-format monochrome pictures in various colors, which cost between 200 and 500 DM, were sold.[13]

At the same time Yves Klein proved to be an experienced networker who shaped the program of the Schmela Gallery in its early years. He put Alfred Schmela in contact with his friends and other artists who inspired him such as Arman.[14] The gallery owner always took very careful note of the artist's recommendations, even if he remained true to his own principle: "If I don't like it, I won't do it."[15]

Arman presented his first solo exhibition in the gallery in 1960. He was no less rebellious than Klein; his *Poubelles*, plexiglass boxes filled with *objets trouvés*, caused viewers' feelings to run high and divided the press; some described the works as "dirt art" and "weight loss products,"[16] and repeatedly questioned whether this was art, while other critics considered the exhibition at least worth a look.[17] A second Arman exhibition, *Colères et Coupures*, consisting of several works constructed from sawed-up musical instruments, followed in 1963.

Alfred Schmela's mediation succeeded in winning over Paul Wember, the director of the Kaiser Wilhelm Museum in Krefeld, to the work of both the *Nouveaux Réalistes*. Klein and Arman had their first German institutional solo exhibitions in the early 1960s, and the museum's unconventional programmatic orientation was met with international approval.[18]

Through the gallery's French network, contacts were established with Georges Mathieu, Christo, Jean Tinguely, and Martial Raysse, all of whom Alfred Schmela collaborated with: in some cases for just one or two exhibitions[19], in others over many years.[20]

Alfred Schmela made regular trips to Paris where he visited galleries and studios; he was gladly accompanied by Düsseldorf artists such as Heinz Mack, Gotthard Graubner, and Konrad Lueg, whose judgment and company he appreciated.[21]

The young Düsseldorf artists, particularly Heinz Mack, Günther Uecker, and Otto Piene who exhibited together as the group ZERO, as well as solo with Schmela, generated great attention with installations such as Piene's *Lichtballett* (Light Ballet, 1960) and the spectacular *ZERO-Demonstration* (1961), which took place in front of the gallery on Hunsrückenstraße. They were in close contact with the Nouveaux Réalistes.[22] This Franco-German affinity, mediated by the Schmela Gallery, resulted in a high degree of artistic synergy.

During the preparation of their exhibitions, many artists, such as Christo and his wife Jeanne-Claude, lived with the Schmela family at Luegplatz and in the meantime got to know the Düsseldorf art scene.[23] Instead of importing international-quality artworks to Düsseldorf, it was a practical and cost-effective decision on Schmela's part to import the international artist himself, thus creating new global connections among the artists. In the early years, the Nouveaux Réalistes and ZERO formed a strong alliance in the Schmela Gallery's program, but what remained characteristic for the gallery owner was his openness toward all art that seemed to him new and exciting, as well as his interest in individual artistic personalities and positions. He focused his attention on authenticity and originality, which for him decisively constituted the "quality" of an artist or an artwork.[24] In 1958, in search of fresh, preferably international stimulation, Alfred Schmela became increasingly interested in American art. He knew of works by Abstract Expressionists such as Franz Kline and Jackson Pollock through, among other things, MoMA's *International Program* exhibition projects, which enabled European audiences to encounter contemporary American works of art for the first time. In 1953, together with Norbert Kricke, Alfred Schmela visited the traveling exhibition *Zwölf Amerikanische Maler und Bildhauer der Gegenwart* (Twelve Contemporary American Painters and Sculptors) at the Kunstmuseum Düsseldorf in the Ehrenhof, which gave an overview of current art trends in the USA; this also toured to Paris, Zurich, Bern, Düsseldorf, Stockholm, Helsinki, and Oslo.[25] The exhibition left a lasting impression on both Schmela and Kricke. As the latter recollected in 1980: "I think only two visitors were really enthusiastic: Alfred Schmela and me. We hadn't heard one good thing about this exhibition unless it was what we said ourselves."[26]

Several attempts by Schmela to obtain works by Abstract Expressionists on consignment from their New York galleries failed due to the high costs of insurance and transport. The established Sidney Janis Gallery in New York, which he appreciated as a role model, demanded financial guarantees that the Schmela Gallery could not provide.[27] Schmela therefore activated his French network and organized several exhibitions with American artists living in Paris. Through the involvement of the curator and critic Michel Tapié, a painting by Mark Tobey made its way into the Schmela Gallery in the context of the group exhibition *Structures Autres. Espaces Nouveaux*, which Tapié had organized in 1958[28]. Sam Francis and the Color Field painters Kenneth Noland and Morris Louis, who exhibited at the gallery in the early 1960s, were affiliated with Parisian galleries and thus were easier to reach than artists living overseas.

In 1963, the Schmela couple flew to New York for the first time as part of a group tour organized by the Art Association for the Rhineland and Westphalia. Monika Schmela recalled in 1996 that an airplane "full of gallerists, collectors, museum directors, cultural directors, etc."[29] set out from Düsseldorf en route New York. As soon as he arrived there, Alfred Schmela made his way to the Leo Castelli Gallery; there he acquired a painting by Roy Lichtenstein, took it off the stretcher and onto the plane, and, upon his return, sold it to the Rhineland collector Fänn Schniewind. This is probably how a work by Lichtenstein first found its way into the German art market. Alfred and Monika Schmela also visited the sculptor George Segal on his farm near New York. Immediately after the Schmelas' return, Segal exhibited with them in a show transferred from the Ileana Sonnabend Gallery in Paris.[30] The trip also resulted in a collaboration, in 1964, with the sculptor Robert Morris, whose objects Schmela had discovered in Richard Bellamy's Greene Gallery. In addition to exhibiting Morris' lead relief sculptures, the Schmela Gallery organized a performance with him and his then-partner, the dancer Yvonne Rainer, in the Kunstakademie Düsseldorf's auditorium, the use of which was made possible by Joseph Beuys, who had been a professor at the academy since 1961. Morris and Rainer were also guests of the Schmela family for a few days. While Rainer rehearsed for the performance in the ballet studio of the oldest Schmela daughter, Ulrike, Morris produced his lead reliefs in Günther Uecker's studio.[31]

The Schmela Gallery's program increasingly reflected

the rise of New York over Paris as the cultural capital of the Western world. Alfred Schmela traveled less often to Paris, instead flying regularly to the American metropolis. In 1966 he invited the artist Robert Indiana to exhibit his *Number Paintings*. In the following year, as a founding member of the Verein progressiver deutsche Kunsthändler (Association of Progressive German Art Dealers), Alfred Schmela was one of the initiators of the first contemporary art fair, Kunstmarkt Köln '67, alongside Hein Stünke from Galerie Der Spiegel in Cologne, Rudolf Zwirner, and several other gallery owners[32]. At Schmela's suggestion, Robert Indiana designed the poster for the first edition of the "Mother of all Art Fairs," and several of the artist's works were represented there by the Schmela Gallery.[33]

Despite his enthusiasm for international art, Alfred Schmela never ceased to advocate for Düsseldorf artists. Works by Jörg Immendorff (1965), artists from the group Kapitalistischer Realismus (Capitalist Realism), Gerhard Richter (1964), Konrad Lueg (1964), and Sigmar Polke (1966) also found their way into the gallery[34]. Alfred Schmela prompted the young Gerhard Richter to make black-and-white portraits of some collectors, and was himself the first to sit for three of the portraits, one of which is now in the Kunstsammlung Nordrhein-Westfalen.[35] Alfred Schmela had a close friendship with Konrad Lueg. Lueg was a welcome guest of the family and enjoyed the nearly unlimited trust of the older gallery owner. For a while, they discussed the idea that Lueg might run a branch abroad for Schmela. However, in 1967 Lueg decided to found his own gallery, called Exhibitions at Konrad Fischer's, which he ran with great success and which today still continues its exhibition business with internationally renowned artists. When one looks at the way Fischer managed his gallery, it becomes clear that the connection to Alfred Schmela had a formative and inspiring effect on him.[36]

Alfred Schmela had a special relationship with the Düsseldorf artist Joseph Beuys. Until Beuys was ready to exhibit, the gallery owner had to court him for a long time, which, as stated in Monika Schmela's *Erinnerungen* (Memoirs), Alfred Schmela began to do as early as 1958. Although the Beuys and Schmela families were friendly with each other, and the Beuys family lived in the next neighborhood, Oberkassel, according to Monika Schmela Alfred Schmela and Joseph Beuys maintained a respectful distance. Schmela worked with the Ministry of Culture to get Beuys a professorship at the academy and occasionally sold works by the artist. Nevertheless, it took Beuys seven years to be convinced to stage his first solo exhibition in Germany at the Schmela Gallery.[37] Finally, *... irgendein Strang ...* (*... any strand ...*) opened on November 26, 1965 with a collection of Beuys' objects and drawings from the previous fifteen years. At the opening, Beuys organized one of his *Aktionen*, the piece *Wie man dem toten Hasen die Bilder erklärt* (How to Explain Pictures to a Dead Hare). On this evening, the boundaries between the interior of the gallery room and the street dissolved; in the shop window, Beuys, his head covered in gold leaf, cradled a dead hare in his arms. The audience, including many artists, crowded into the small room and spilled out onto the street; the piece was controversially discussed in the press, as so often happened with Schmela.[38]

The lease for the space on Hunsrückenstraße expired at the end of 1966. As a farewell, the gallery's artists organized the *Hommage an Schmela* (Homage to Schmela), a week of events, exhibitions, and performances. Otto Piene, Sigmar Polke, John Latham, Gerhard Richter, and Heinz Mack were involved. With *Manresa*, Joseph Beuys transformed the entire gallery into an *Aktion*. As part of Konrad Lueg's *Kaffee und Kuchen* (Coffee and Cake), a large number of artists and cultural workers visited the narrow gallery for the last time; amid the floral papered walls on which Gerhard Richter's portrait of Alfred Schmela hung, they took a seat to celebrate with the gallery owner.

Alfred Schmela's intention to move his family and gallery into the new building on Mutter-Ey-Straße, the design of which had been entrusted to the Dutch artist and architect Aldo van Eyck, within a few months of moving out of Hunsrückenstraße, could not be implemented as planned. As the first building in Germany to be explicitly designed and constructed as a gallery, the project turned out to be extremely complicated and considerably more expensive than planned. Alfred Schmela temporarily moved his gallery activities to the large family apartment on Luegplatz. Here he organized further exhibitions with well-known artists from the gallery such as Lucio Fontana, Antoni Tàpies, and Martial Raysse, as well as new discoveries such as Robert Filliou, Domenico Gnoli, Richard Tuttle, and many others.[39] Artists, collectors, museum staff, and journalists came and went. Monika Schmela, who took over all correspondence and bookkeeping in the gallery during the week, along with building up and maintaining the archive, hosted them on Saturdays with stew and cake. It was not unusual for Alfred Schmela to open the door to visitors still in his bathrobe. The artworks hung on the walls and stood in the corners, and the atmosphere invited one to linger. This symbiosis of art and life, which corresponded to Alfred Schmela's own nature, proved to be a recipe for success because it stood in contrast to developments in the art trade, which had been in upheaval since the first Kunstmarkt Köln '67. The business with art opened up, internationalized, accelerated, and came under public criticism due to its increasing commercialization. Konrad Fischer and Hans Strelow's exhibition series *prospect*, the first edition of which took place in Düsseldorf's Kunsthalle in 1968 and which, in contrast to the Kunstmarkt Köln, focused mainly on cooperation with international galleries, broke up the dominance by a few Rhineland galleries, but as a side effect intensified the competitive pressure between the two Rhine metropolises. When it came to art fair operations, Alfred Schmela went about his business calmly, as he made clear in 1979: "I do this quite intuitively. If I feel like it, I'll go, and if I don't, I'll stay home."[40]

In 1969, for the gallery's hundredth exhibition, Joseph Beuys' *Fond III*, the main rooms of the apartment at Luegplatz were emptied of all furniture. Through nine large stacks of hundreds of felt sheets, each covered by a copper plate, Beuys visualized his idea of the battery as an energy and heat source. Thus he continued the installation that he had shown at the fourth documenta in 1968 under the title *Fond II*, which was a version made of copper tables with power units.[41]

On September 17, 1971, the gallery on Mutter-Ey-Straße opened with Beuys' *Barraque d'Ull Odde*. With this, Beuys became the only artist of the gallery to conceptualize solo exhibitions at all three locations: Hunsrückenstraße, Luegplatz, and Mutter-Ey-Straße. *Barraque d'Ull Odde* consisted of two shelves full of small objects and a video installation showing the 1970 performance piece *Celtic* on two monitors. The building's striking architecture, which differed dramatically from the white cube aesthetic through its exposed concrete, pumice concrete blocks, and marble, was integrated into Beuys' overall concept, which left the walls mostly empty and concentrated on installation-oriented works. Paul Wember acquired the entire installation for the Kaiser Wilhelm Museum in Krefeld. *Barraque d'Ull Odde* was the trend-setting prelude to the program on Mutter-Ey-Straße. In 1974, as part of his solo exhibition, Klaus Rinke set up more than forty barrels filled with water by the fire department in the gallery's lower level. Fritz Schwegler performed his *effeschiaden* in 1977. In the same year, Alfred Schmela presented Gordon Matta-Clark's first exhibition in Germany. Matta-Clark filled the gallery's basement with fragments of his architectural interventions as well as color photographs documenting these "transformations" of space. The American conceptual artist Bruce Nauman also exhibited on Mutter-Ey-Straße in 1979.[42]

Alfred Schmela's original idea of living in the upper two floors of the gallery building with his family never came to fruition. There was not enough space and Monika Schmela was dependent on a wheelchair, so in 1975 the couple moved with their two daughters to a villa in Lantz'scher Park in Lohausen. There, Alfred Schmela began to realize his dream of a sculpture garden. He had large-format outdoor sculptures by Alexander Calder, Richard Serra, Ronald Bladen, Robert Grosvenor, George Rickey, Eduardo Chillida, Bernhard Luginbühl, Erwin Heerich, Claes Oldenburg, and other artists produced and exhibited. But he could not complete this project, due to his untimely death in 1980. His widow Monika and daughter Ulrike continued to run the gallery.

Joseph Beuys, like many other artists, remained associated with the Schmela Gallery even after Alfred Schmela's death. In 1983 he completed the monumental, historic installation *DASENDEDES20.JAHRHUNDERTS* (THEENDOFTHE20THCENTURY) in the gallery on Mutter-Ey-Straße, consisting of forty-four basalt stones that weighed several hundred kilograms each. A conical hole was bored into each monolith, then filled with felt and moist clay, and finally closed again with the basalt wedge that had previously been removed. Following his typically theoretical approach, Beuys brought the two parts, previously separated by his hand, back together again in an act of healing. In doing so, he conveyed an "optimistic symbol of the transformative power of man."[43] The stones were arranged in the gallery space in an organic formation reminiscent of a pack of animals. As with *Barraque D'Ull Odde*, the walls remained free; their rough character contributed to the powerful effect of the work of art. It was Beuys' idea that the gallery's exhibition rooms should be in semi-darkness; only a skylight at the end of the stairs provided a little light. Flashlights were available to illuminate the installation; visitors were not allowed to enter it, however, so that the works could only be seen from a bird's-eye view in the half-light. This staging gave the sculptures a mystical, shadowy, and thoroughly eerie appearance.

Alfred Schmela's life and work have left their mark far beyond Düsseldorf. His influence is visible in the collections of international institutions, and many artists he discovered and represented are now considered icons worldwide. As co-founder of Kunstmarkt Köln, he brought the first modern art fair to life. With his unique way of running his business, he inspired many younger gallery owners. Norbert Kricke summed it up in 1980 in his obituary for Schmela: "We'll have to wait a long time until such a man appears again, one who is actually interested in nothing but art and again and again, nothing but art."[44]

1 See Werner Abelshauser, *Die langen fünfziger Jahre: Wirtschaft und Gesellschaft der Bundesrepublik Deutschland 1945-1949* (The Long Fifties: Economy and Society of the Federal Republic of Germany 1945-1949), (Düsseldorf, 1987), pp. 30–31.
2 See *175 Jahre Kunstverein für die Rheinlande und Westfalen, Festschrift anlässlich des Jubiläums* (175 Years of the Art Association for Rheinland and Westphalia: Commemorative Publication on the Occasion of the Anniversary), Kunstverein für die Rheinlande und Westfalen, ed. Rita Kersting, Kathleen Rahn, and Doris Rother, Düsseldorf 2004; *Museum Kunstpalast, Eine Düsseldorfer Museumsgeschichte, Festschrift zum 100th Geburtstag des Museums* (Museum Kunstpalast, A History of Düsseldorf Museum, Commemorative Publication for the Museum's 100th Birthday), Düsseldorf 2013; Gudrun Ramhtun, *Kulturpolitik in Krefeld nach dem 2. Weltkrieg* (Cultural Policy in Krefeld after WWII), Diss., Frankfurt am Main, 1982.
3 See *Zur Geschichte des Düsseldorfer Kunsthandels* (On the History of the Düsseldorf Art Trade), ed. Nadine Oberste-Hetbleck (Düsseldorf, 2014).
4 See Heinz Mack, in *Stunde Null – die Kunstbewegung ZERO* (Hour Zero – the Art Movement ZERO), documentary film by Anna Pflüger and Marcel Kolvenbach, 2014, Arte Edition/Kunstverlag Till Breckner, 52 min.
5 *Südwestdeutsche Zeitung,* January 23, 1969, cited in *Alfred Schmela: Galerist – Wegbereiter der Avantgarde* (Alfred Schmela: Gallery Owner – Pioneer of the Avant-Garde), ed. Karl Ruhrberg (Cologne, 1996), p. 16.
6 Norbert Kricke, "Erkennen und Zugreifen. In memoriam" ("Recognition and Access. In memoriam"), in *Die Zeit,* August 1, 1980, cited in Ruhrberg, *Alfred Schmela: Galerist,* p. 133.
7 See Alfred Schmela's application for the position of director of the Städtisches Museum Schloss Morsbroich, Leverkusen, May 11, 1959, private archive of Ulrike Schmela.
8 See texts by Alfred Schmela's companions, in Ruhrberg, *Alfred Schmela: Galerist.*
9 Almost thirty years later, in 1986, the artist and critic Brian O'Doherty specified this interior design as ideal for presenting contemporary art in his oft-quoted work *Inside the White Cube* (Berlin, 1996).
10 On German Informel and its galleries, see "Am Anfang war das Informel" ("In the Beginning Was Informel"), *sediment,* no. 18, ed. ZADIK (2010); *Le hasard fait bien les choses. Jean-Pierre Wilhelm, Informel, Fluxus und/ and Galerie 22,* ed. Susanne Rennert, Sylvia Martin, and Erika Wilton (Cologne, 2013).
11 See Martin Schieder, "Alfred Schmela, Yves Klein and a Sound Recording," *Getty Research Journal,* no. 5 (2013), pp. 133–47.
12 See reviews of *Propositions Monochromes,* in Ruhrberg, *Alfred Schmela: Galerist,* 25ff.
13 *Südwestdeutsche Zeitung,* January 23, 1969, cited in Ruhrberg, *Alfred Schmela: Galerist,* p. 16.
14 See correspondence between Klein, Arman, and the Schmela Gallery in the Schmela Records, GRI, Los Angeles.
15 The interview with Alfred Schmela by Peter Langer aired on November 15, 1979, as part of the program *Galerie. Kultur heute (Gallery. Culture Today)* on WDR (Art Editor, Wibke von Bonin), transcript, cited in Ruhrberg, *Alfred Schmela: Galerist,* p. 20.
16 Georg-Paul Friedrich, "Der Mittag," July 6, 1960, press review, cited in Ruhrberg, *Alfred Schmela: Galerist,* pp. 36–37.
17 See reviews in exhibition directory in Ruhrberg, *Alfred Schmela: Galerist,* pp. 36–37.
18 See Ramthun, *Kulturpolitik in Krefeld nach dem 2. Weltkrieg.*
19 See exhibition directory in Ruhrberg, *Alfred Schmela: Galerist.*
20 Ibid., p. 174.
21 See Gotthard Graubner, "Der menschliche Galerist" ("The Human Gallery Owner"), in Ruhrberg, *Alfred Schmela: Galerist,* p. 107; Heinz Mack interview by Lena Brüning, November 26, 2015; Monika Schmela, *Erinnerungen* (Memoirs), in Ruhrberg, *Alfred Schmela: Galerist,* p. 198.
22 See correspondence between Schmela Gallery and Yves Klein, Schmela Records, GRI, Los Angeles.
23 See Monika Schmela, *Erinnerungen,* in Ruhrberg, *Alfred Schmela: Galerist,* pp. 209–10.
24 *Südwestdeutsche Allgemeine Zeitung,* January 23, 1969, cited in Ruhrberg, *Alfred Schmela: Galerist,* p. 16.
25 See Sigrid Ruby, *Have we an American Art? Präsentation und Rezeption amerikanischer Malerei im Westdeutschland und Westeuropa der Nachkriegszeit* (Have We an American Art? Presentation and Reception of American Painting in Post-War West Germany and Western Europe), (Weimar, 1999).
26 Kricke 1980, cited in Ruhrberg, *Alfred Schmela: Galerist,* pp. 133–34.
27 See correspondence between the Schmela Gallery and Sidney Janis Gallery, Schmela Records, GRI, Los Angeles.
28 See exhibition directory in Ruhrberg, *Alfred Schmela: Galerist,* p. 30.
29 Monika Schmela, *Erinnerungen,* cited in Ruhrberg, *Alfred Schmela: Galerist,* p. 196.
30 See Günther Herzog, "Wie die Pop Art nach Deutschland kam" ("How Pop Art came to Germany"), *sediment,* no. 25/26, ed. ZADIK (2015), 11ff.
31 See Monika Schmela, *Erinnerungen,* in Ruhrberg, *Alfred Schmela: Galerist,* p. 202.
32 See *Art Cologne 1967–2016: Die Erste aller Kunstmessen* (The First Art Fair*), Koelnmesse 13.–17.4.2016 und ZADIK, Köln 25.4.– 2.9.2016,* exh. cat., ed. ZADIK (Cologne, 2016).
33 See correspondence between Alfred Schmela and Hein Stünke, ZADIK, Cologne.
34 See exhibition directory in Ruhrberg, *Alfred Schmela: Galerist,* 49ff.
35 See *Die Rückkehr des Herrn Schmela, Festschrift anlässlich der Schenkung des Portraits Alfred Schmela von Gerhard Richter* (Mr Schmela's Return, Commemorative Publication on the Occasion of the Donation of Alfred Schmela's Portrait by Gerhard Richter), ed. Gesellschaft der Freunde der Kunstsammlung Nordrhein-Westfalen (Düsseldorf, 2015).
36 See *Wolke und Kristall. Die Sammlung Dorothee und Konrad Fischer* (Cloud and Crystal. The Dorothee and Konrad Fischer Collection), exh. cat., Kunstsammlung Nordrhein-Westfalen, K20 (Düsseldorf, 2016–2017); Sophie Richards, *Unconcealed. The International Network of Conceptual Artists 1967–77,* Dealers, Exhibitions and Public Collections (London, 2009).
37 Monika Schmela, *Erinnerungen,* in Ruhrberg, *Alfred Schmela: Galerist,* p. 179.
38 See exhibition directory in Ruhrberg, *Alfred Schmela: Galerist,* pp. 53–56; Eugen Blume and Catherine Nichols, *Beuys. Die Revolution sind wir* (Beuys. We Are the Revolution), exh. cat., Hamburger Bahnhof, Museum für Gegenwart (Berlin, 2008–2009), pp. 160–63.
39 See exhibition directory in Ruhrberg, *Alfred Schmela: Galerist.*
40 Interview Langer/Schmela, in Ruhrberg, *Alfred Schmela: Galerist,* p. 18.
41 See *Catalogue for documenta IV* (Kassel, 1986), pp. 34–35.
42 See exhibition directory in Ruhrberg, *Alfred Schmela: Galerist.*
43 See Catherine Nichols, "Das Ende des 20. Jahrhunderts" ("The End of the 20th Century"), in Blume/Nichols, *Beuys. Die Revolution sind wir,* pp. 288–290.
44 Kricke 1980, cited in Ruhrberg, *Alfred Schmela: Galerist,* p. 133.

23.11.1918
geboren in Dinslaken / Born in Dinslaken

1923
Umzug der Familie nach Düsseldorf / Family moved to Düsseldorf

1940
Examen als Hochbauingenieur an der Staatsbauschule Köln, danach für einige Monate Studium an der TH Berlin, im selben Jahr Einberufung zum Kriegsdienst / Took examination to become a structural engineer at the Staatsbauschule Köln, and then studied at TH Berlin for a few months. In the same year, was conscripted for military service

1940–1947
Kriegsdienst in verschiedenen Ländern, Verwundung in Italien, amerikanische Kriegsgefangenschaft in Livorno, Flucht über die Alpen / Undertook military service in several countries, was wounded in Italy, became American prisoner-of-war in Livorno but escaped over the Alps

1947–1949
Studium an der privaten Malschule von Jo Strahn in Düsseldorf-Niederkassel / Studied at Jo Strahn's private painting school in Düsseldorf-Niederkassel

1949–1950
Studium der Malerei bei André Lhote in Paris / Studied painting with André Lhote in Paris

1951–1957
freischaffender Kunstmaler in Düsseldorf / Worked as painter in Düsseldorf

1953
Heirat mit Monika Schmela, geb. Magdalena Even / Married Monika Schmela, née Magdalena Even

1954
Geburt der Tochter Ulrike / Birth of daughter Ulrike

1957
Gründung der Galerie Schmela in der Hunsrückenstraße 16–18 in der Düsseldorfer Altstadt, Eröffnung mit der Ausstellung *Propositions Monochromes* von Yves Klein am 31. Mai / Established the Schmela Gallery at Hunsrückenstraße 16–18 in Düsseldorf's old town, opening on May 31 with the Yves Klein exhibition *Propositions Monochromes*

1960
Umzug der Familie Schmela in die Wohnung am Luegplatz 3 in Düsseldorf-Oberkassel / Schmela family moved to the apartment at Luegplatz 3 in Düsseldorf-Oberkassel

1962
Geburt der Tochter Franziska / Birth of daughter Franziska

1966
Schließung der Galerie in der Hunsrückenstraße / Gallery at Hunsrückenstraße closed

1967–1971
Fortführung der Galerie in der Wohnung am Luegplatz / Continuation of the gallery in the Luegplatz apartment

1971
Umzug der Galerie in das von dem niederländischen Architekten Aldo van Eyck gebaute Galeriehaus in der Mutter-Ey-Straße 3 in der Düsseldorfer Altstadt / Gallery relocation to the building designed by the Dutch architect Aldo van Eyck at Mutter-Ey-Straße 3 in Düsseldorf's old town

1975
Eröffnung des im Besitz der Stadt Düsseldorf befindlichen Lantz'schen Parks in Düsseldorf-Lohausen als Skulpturengarten, gleichzeitig privater Umzug in das Lantz'sche Palais und Etablierung eines weiteren Galeriestandorts / Opening of the city-owned Lantz'scher Park in Düsseldorf-Lohausen and establishing another branch of the gallery as a sculpture garden; at the same time, private move into the Lantz'sche Villa

1978
Zum 60. Geburtstag Ernennung zum Ehrenmitglied der Staatlichen Kunstakademie Düsseldorf / On sixtieth birthday, appointed honorary member of the Staatliche Kunstakademie Düsseldorf

1980
gestorben am 20. Juli in Düsseldorf / Died on July 20 in Düsseldorf

AUSSTELLUNGSVERZEICHNIS / LIST OF EXHIBITIONS GALERIE SCHMELA 1957–1980

* Erste Einzelausstellung in Deutschland / First solo exhibition in Germany
** Erste Einzelausstellung in Europa / First solo exhibition in Europe
*** Erste Einzelausstellung / First solo exhibition

1957
Yves Klein: *Propositions monochromes**
Fred Thieler: *Malerei*
Rupprecht Geiger: *Malerei*
Heinz Mack und Peter Royen
Jaroslav Serpan
Arnal, d'Orgeix, Guiette, Mathieu, Serpan, Soulages, Sugaï, Tàpies: *Accrochage*
Antoni Tàpies: *Malerei**

1958
Georges Mathieu: *Malerei**
Salvador Dalí: *Don Quichotte*
Mondrian, Rompel, Vasarely: *Malerei*
Gruppenausstellung mit Werken von Accardi, Capogrossi, Damian, Domoto, Mathieu, Tobey; kuratiert von Michel Tapié: *Structures Autres. Espaces Nouveaux. Andere Strukturen. Neue Räume*
Paul Emile Borduas: *Malerei***
Heinz Reinhold Köhler: *Malerei*
Heinz Mack***
Sam Francis: *Aquarelle**
Asger Jorn: *Malerei*

1959
Jean Tinguely: *Konzert für 7 Bilder und andere Skulpturen**
Emilio Scanavino*
Otto Piene: *Ölbilder, Lichtballett, Lichtmodelle****
Konrad Klapheck: *Malerei. 13 Bilder****
Wols: *Aquarelle*
Kurt Schwitters: *Collagen, Reliefs, Ölbilder, Plastiken*
Ben Nicholson: *Malerei*
H. H. Steffens: *Malerei*

1960
Lucio Fontana: *Malerei. Concetti Spaziale**
Luigi Boillé: *Malerei*
Joan Miró: *Lithographien*
Harold B. Cousins: *Skulptur*
Arman: *Poubelles und Accumulations**
Jean Dubuffet: *Malerei*
Gotthard Graubner: *Ölbilder, Aquarelle****
Otto Piene: *PIENE. Ein Fest für das Licht. rauchbilder, lichtgrafik, projektoren, lichtballett*
John Latham: *Objekte, Zeichnungen**
Heinz Mack

1961
Kumi Sugaï: *Zeichnungen, Gouachen**
Lucio Fontana: *Keramik*
Jochen Hiltmann: *Skulptur****
Sam Francis: *Ölbilder*
Georges Mathieu: *Gouachen*
Karl Otto Götz: *Malerei*
ZERO. Edition, Exposition, Demonstration
Günther Uecker***
Pablo Picasso: *Keramik*
Jean Fautrier: *Gouachen*
William Scott: *Malerei**
Conrad Marca-Relli: *Malerei*, und Robert Motherwell: *Collagen*

1962
Hans Salentin***
Max Ernst: *Mikroben*
Arnulf Rainer: *Übermalungen**
Kenneth Noland: *Malerei**
Morris Louis: *Ölbilder**
H.P. Alvermann*
Martial Raysse: *Hygiene des Schauens**
Otto Piene: *Fauna und Flora. Ölbilder und Gouachen*
Wols: *Ölbilder und Aquarelle*
K. R. H. Sonderborg: *Gemälde und Zeichnungen*

1963
Günther Uecker: *Nagelobjekte und Nagelreliefs*
Christo: *Empaquetages**
Serge Charchoune: *Malerei*
Guiseppe Capogrossi
Arman: *Colères et Coupures*
Otto Piene: *Ölbilder und Gouachen*
Salvadore Scarpitta: *Gemälde, Bildobjekte**
Jochen Hiltmann
Georges Segal: *Skulpturen**

1964
Shusaku Arakawa: *Diagramme**
Bernard Schultze: *Migof-Familie. Collagen, Zeichnungen*
Yves Klein: *Peintures de feu. Feuerbilder*
Kenneth Noland: *Gemälde*
Konrad Lueg: *Gemälde* ***
Gerhard Richter: *Malerei****
Willem van Genk: *Van Genk's phantastische Wirklichkeit. Malerei**
‚Sprech- und Tanzabend' mit Robert Morris und Yvonne Rainer in der Staatlichen Kunstakademie Düsseldorf
Robert Morris: *Bleireliefs**
Christo: *Store Fronts*

1965
Tiger Morse: *Das Kaleidoskop der Tiger Morse. Extravagante Kleider und Accessoires aus New York*
Shusaku Arakawa: *Diagramme*
Josef Albers: *Hommage to the Square*
Louise Nevelson: *Skulptur*
Hans Haacke: *Wind und Wasser****
Georges Mathieu: *14 neue Ölbilder*
Jean Fautrier: *Skulpturen und Gemälde*
Jörg Immendorff: *Malerei****
Gruppenausstellung mit Werken von Beuys, Bonalumi, Capogrossi, Fontana, Graubner, Holweck, Klein, Manzoni, Mavignier, Megert, Palermo, Piene, Pohl, Soto, Schoonhoven, Spindel, Tàpies, Tinguely, Uecker, Verheyen, de Vries: *Weiss-Weiss*
Heinz Mack
Joseph Beuys: *… irgendein Strang …****

1966
Jesús Rafael Soto: *Kinetische Strukturen*
Robert Indiana: *Number Paintings***
Shusaku Arakawa: *Diagramme*
Erwin Heerich: *Plastiken und Zeichnungen****
Gotthard Graubner
Günther Uecker
Jochen Hiltmann
Hommage an Schmela: 7 Veranstaltungen (Aktionen/Ausstellungen von Piene, Polke, Richter, Latham, Lueg, Mack, Beuys/Nørgaard)
  Otto Piene: *Schmela-Regenbogen*
  Sigmar Polke: Ausstellung
  Konrad Lueg: *Kaffee und Kuchen*
  John Latham: Aktion
  Gerhard Richter: *Volker Bradtke*
  Heinz Mack: *Hommage à Georges de la Tour*
  Joseph Beuys (mit Bjørn Nørgaard): *Manresa*

1967
Panorama zeitgenössischer Kunst. Werke aus der Sammlung Dotremont
Peter Könitz***
Georges Sugarman: *Skulpturen**
Martial Raysse: *18 Gemälde und Objekte*

1968
Richard Tuttle: *Cloth Pieces und Skulpturen**
Antoni Tàpies: *Gemäldeund Gouachen*
Lucio Fontana: *Neue Bilder*
Mario Ceroli: *Holzskulpturen*
Robert Huot: *Malerei**
Klaus Böhmler***

1969
Joseph Beuys: *Fond III*
Robert Filliou: *Création Permanente**
Eva Aeppli: *Skulpturen**
Erwin Heerich: *Kartonplastiken*
Walter Pichler: *Objekte*
Gianfranco Baruchello: *Gemälde*
Bensu Erdem und Jürgen Vallen: *Malerei****

1970
Doug Wheeler: *Licht-Bilder, Installationen**
Domenico Gnoli: *Gemälde**
Ron Cooper: *Bilder**
Alfonso Hüppi: *Objekte und Bilder*
Manolo Mompó: *Gouachen**
*Co-Op Himmelblau, Himmelblau Productions: Architektur, Zeichnungen und Modelle**
Robert Filliou: *Joint works between Robert Filliou and Galerie Schmela*

1971
Joseph Beuys: *Barraque d'Ull Odde 1961–1967*
Ron Cooper: *Bilder*
Conrad Marca-Relli: *Malerei*
Fritz Schwegler: *Effeschiaden****

1972
Anatol
Meisterwerke des 20. Jahrhunderts
Valerio Adami
Joseph Beuys: *Zeichnungen I (1949–1969)*
Günther Uecker
Gotthard Graubner
Ulrich Erben: *Malerei*

1973
Jean Fautrier: *Malerei*
Joseph Beuys: *Zeichnungen II (1946–1971)*
Dorothée Bouchard: *Malerei, Radierungen****
Stephan Wewerka: *Skulptur, Zeichnungen, Bilder*

1974
Antoni Tàpies
Michel Sauer: *Objektkästen****
Hannes Rompel
Michelle Stuart: *Malerei**
Fritz Schwegler
Klaus Rinke
Dorothée Conrady: *Malerei****

1975
Fausto Melotti: *Skulpturen* (Villa und Park Lohausen)
Erwin Heerich
Michel Sauer
Klaus Rinke (Villa und Park Lohausen)
Morio Shinoda: *Skulpturen****
Nahum Tevet***
Joan Miró: *Skulpturen* (Villa und Park Lohausen)

1976
Wolfgang Nestler: *Skulpturen* (Villa und Park Lohausen)
Michael Gitlin: *Skulpturen**
Jean Tinguely: *Skulpturen, Zeichnungen*
Michelle Stuart: *Malerei*
Franz Bernhard: *Skulpturen* (Villa und Park Lohausen)
Joseph Beuys: *Eurasier*
Erwin Heerich
Joseph Beuys: *Fond IV/4*
Stuart, Graubner, Shinoda, Filliou, Cousins, Vasarely, Hüppi, Sauer: *Accrochage*
Hans Salentin: *Collagen*
Don Dudley: *Wandarbeiten**

1977
Monika Baumgartl: *Fotoarbeiten****
Pablo Picasso: *Picasso privat* (Coll. Marie-Thérèse Walter)
Gordon Matta-Clark: *Projekt/Fotoarbeiten**
Fernand Léger: *Pastelle, Zeichnungen*
Bernd Minnich: *Skulptur, Malerei*
Kelly, Kline, Pollock, Rinke: *Schwarz-Weiß Arbeiten*
Tomas Riehle: *Fotos: Düsseldorfer Kunstakadamie*
Wolfgang Nestler: *Skulpturen*
Fritz Schwegler: *Pheine und Rollenfortsatz. Malerei und Zeichnungen*
Hildegard Schöneck: *Zeichnungen****
Dorothée Bouchard: *Malerei*
Gordon Matta-Clark:
Projekt / Zeichnungen
Michelle Stuart: *Malerei*
Barbara und Gabriele
Schmidt-Heins: *Buchobjekte*
Architekturstudenten der TH Aachen aus der Klasse Prof. W. Döring: *Entwürfe*
Anatol, Arakawa, Baumgartl, Beuys, Bouchard, A. Brüning, Gitlin, Graubner, Haraguchi, Heerich, Hüppi, Mack, A. Martin, Matta-Clark, Minnich, Nestler, Rinke, D. Rot, Sauer, Shinoda, Schöneck, Schwegler, Stuart, Tàpies, Uecker, Wewerka: *Accrochage*

1978
Noriyuki Haraguchi: *Installation, Zeichnung**
Nahum Tevet: *Zeichnungen*
Michael Gitlin: *Skulptur, Zeichnungen*
Haus-Rucker-Co: *Zeichnungen und Objekte*
Eduardo Chillida: *Skulpturen*
Antoni Tàpies: *Materialbilder, Gouachen, Zeichnungen und Graphik*
Richard Tuttle: *Zeichnungen*
Wolfgang Nestler: *Skulpturen*
Benni Efrat: *Zeichnungen, Video*
Christian Löwenstein: *Malerei auf Papier*
Joseph Beuys: *Aktion Dritter Weg*

1979
Bruce Nauman: *Modelle*
Morio Shinoda: *Skulpturen*
Horst Münch: *Malerei auf Papier****
Michelle Stuart: *Malerei*
Tomas Riehle: *Landwaage, 15 x Flachland*
David Smith: *1 x David Smith*
Gordon Matta-Clark: *Zeichnungen*
Bouchard, A. Brüning, Efrat, Haraguchi, Hüppi, Löwenstein, Matta-Clark, Münch, Schöneck, Schwegler, Tevet: *Accrochage*
Richard Serra: *Zeichnungen. paintstick on belgian linen*
Joseph Beuys: *heute arbeitet Beuys in der Galerie Schmela. Installation* Hasengrab
Wolfgang und Ilona Weber: *Was läuft?*

1980
mûsâro. Erstaufführung des Films mit dem Bussard von Wolfgang Kliege
Owen Morell: *Foto-Projekte***
Teresa Gejer: *backbones 1979****
Benni Efrat: *Installationen und Filme*
A. Brüning, Efrat, Gejer, Gitlin, Haraguchi, Stuart, Wewerka: *Accrochage*

Für die Unterstützung gilt unser besonderer Dank / Our special thanks for support go to:

Andreas Brüning
Prof. Adolf Clemens
Dr. Susannah Cremer-Bermbach
Britta Ditges, WDR mediagroup Mitschnittservice
Prof. Günther Herzog und Brigitte Jacobs van Renswou, ZADIK-Zentralarchiv für deutsche und internationale Kunstmarktforschung e.V.
Glenn R. Phillips, The Getty Research Institute
Franziska Schmela
Ulrike Schmela, Galerie Ulrike Schmela

COVER: Alfred Schmela, Galerist, Düsseldorf 1965, Porträt © Adolf Clemens, Münster. Im Hintergrund / In the background Kenneth Noland © VG Bild-Kunst, Bonn 2018
S. / p. 7 Sam Francis: *St. Honoré*, 1952/53, Öl auf Leinwand / Oil on canvas, 201 x 134,5 cm, Kunstsammlung Nordrhein-Westfalen, Düsseldorf. Foto / photo: Walter Klein
S. / p. 9 Das Galeriehaus in der Mutter-Ey-Straße / The gallery building at Mutter-Ey-Straße, ca. 1971. Foto / photo: Brigitte Hellgoth
S. / p. 10 Brief von Alfred Schmela an Yves Klein, 5. Mai 1957 / Letter from Alfred Schmela to Yves Klein, May 5, 1957, Getty Research Institute, Los Angeles (2007.M.17)
S. / p. 13 Einladungskarte der Ausstellung / Invitation card for the exhibition Yves Klein: *Propositions Monochromes*, 1957
S. / p. 14 Alfred Schmela und Yves Klein in der Ausstellung / Alfred Schmela and Yves Klein in the exhibition *Propositions Monochromes*, 1957. Foto / photo: Paul Brandenburg
S. / p. 16 Yves Klein: *Relief éponge, RE 15*, 1960, Schwämme und Farbpigment auf Sperrholz / Sponges and color pigments on hardboard, 107 x 60 cm, Kunstsammlung Nordrhein-Westfalen, Düsseldorf. Foto / photo: Walter Klein, Düsseldorf
S. / p. 17 Yves Klein fertigt Feuerbilder in Günther Ueckers Atelier an / Yves Klein making fire pictures at Günther Uecker's studio, 1961. Foto / photo: L. Frédéric, Paris
S. / p. 18 Brief von Arman an Alfred Schmela, 9. Januar 1963 / Letter from Arman to Alfred Schmela, January 9, 1963, Getty Research Institute, Los Angeles (2007.M.17)
S. / p. 20 Einladungskarte der Ausstellung / Invitation card for the exhibition Arman: *Colères et Coupures*, 1963
S. / p. 21 Arman: *Colère de Violon*, 1963, Assemblage auf Sperrholz / on hardboard, 93 x 72 x 6 cm, Kunstsammlung Nordrhein Westfalen, Düsseldorf. Foto / photo: Walter Klein, Düsseldorf
S. / p. 22 Einladungskarte der Ausstellung / Invitation card for the exhibition Christo: *Empaquetages*, 1963
S. / p. 24 Gästebuch / Guestbook Galerie Schmela: Eröffnung / Opening Otto Piene: *Zweites Fest für das Licht*, 1966. Foto / photo: Achim Kukulies
S. / p. 26 ZERO-Demonstration vor der / in front of Galerie Schmela, 1961. Foto / photo: Paul Brandenburg
S. / p. 27 Alfred Schmela während der / at the ZERO-Demonstration vor der / in front of Galerie Schmela, 1961. Foto / photo: Manfred Tischer
S. / p. 28 Günther Uecker: *Zwischen Hell und Dunkel*, 1983, Nägel und Acryl auf Leinwand auf Holz, 2-teilig / Nails, acrylic on canvas on wood, two parts, 150 x 300 cm, Kunstsammlung Nordrhein-Westfalen, Düsseldorf. Foto / photo: Walter Klein, Düsseldorf
S. / p. 30 Mark Tobey: *Shadow Spirits of the Forest*, 1961, Tempera auf Papier / on paper, 48,4 x 63,2 cm, Kunstsammlung Nordrhein-Westfalen, Düsseldorf. Foto / photo: Walter Klein, Düsseldorf
S. / p. 31 Kenneth Noland: *Bloom*, 1960, Acryl auf Leinwand / Acrylic on canvas, 170 x 171 cm, Kunstsammlung Nordrhein-Westfalen, Düsseldorf. Foto / photo: Walter Klein
S. / p. 32 Einladungskarte der Gruppenausstellung / Invitation card for the group exhibition *Structures Autres, Espaces Nouveaux*, 1958
S. / p. 32 Einladungskarte der Ausstellung / Invitation card for the exhibition Robert Indiana: *Number Paintings*, 1966
S. / p. 33 Plakatentwurf von / Poster design by Robert Indiana für den / for the Kunstmarkt Köln 1967, Zentralarchiv für deutsche und internationale Kunstmarktforschung (ZADIK), Köln
S. / p. 34 Gästebuch / Guestbook Galerie Schmela: Eröffnung / Opening Gerhard Richter: *Bilder*, 1964. Foto / photo: Achim Kukulies
S. / p. 37 Gerhard Richter: *Portrait Schmela III*, 1964, Öl auf Leinwand / Oil on canvas, 110 × 97 cm, Kunstsammlung Nordrhein-Westfalen, Düsseldorf. Schenkung von / Donation of Dr. Viktoria von Flemming über die / via the Gesellschaft der Freunde 2014. Foto / photo: Achim Kukulies
S. / p. 38 Gästebuch / Guestbook Galerie Schmela: Eröffnung / Opening Joseph Beuys: *... irgendein Strang ...*, 1965. Foto / photo: Achim Kukulies
S. / p. 40 Alfred Schmela Joseph Beuys' *Manresa* betrachtend / Alfred Schmela looking at Joseph Beuys' *Manresa*, 1966. Foto / photo: Ute Klophaus
S. / p. 41 Hommage an / Homage to Schmela: *Kaffee und Kuchen* von Konrad Lueg / *Coffee and Cake* by Konrad Lueg, 1966.
S. / p. 42 Lucio Fontana: *Concetto Spaziale, Attese*, 1959, Öl-Wasserfarbe auf Leinwand / Oil-watercolor on canvas, 100 x 125 cm, Sammlung Rira
S. / p. 43 Gruppenbild in der Wohnung am Luegplatz / Group picture in the apartment at Luegplatz, ca. 1968
S. / p. 44 Ausstellung / Exhibition Lucio Fontana, Luegplatz, 1968
S. / p. 45 Alfred Schmela auf dem / at Kunstmarkt Köln'67
S. / p. 46 Alfred Schmela im / at Lantz'schen Park vor einer Skulptur von / in front of a sculpture by Ronald Bladen, 1980. Foto / photo: Lore Bermbach
S. / p. 49–64 Aufbau der Ausstellung / Installation of the exhibition DASENDEDES20.JAHRHUNDERTS von / by Joseph Beuys in der / at the Galerie Schmela, 1983, Fotodokumentation von / Photo documentation by Andreas Brüning
S. / p. 80 Alfred Schmelas Showeinlage *Die Deutsche Eiche beim Kettensprengen*, Party in der Wohnung am Luegplatz nach der / Alfred Schmela's interlude *The German Oak Breaking Its Chains*, Party in the apartment at Luegplatz after the ZERO-Demonstration, 1961. Foto / photo: Manfred Tischer

Trotz intensiver Recherchen war es nicht in allen Fällen möglich, die Rechteinhaber der Abbildungen ausfindig zu machen. Berechtigte Ansprüche werden selbstverständlich im Rahmen der üblichen Vereinbarungen abgegolten.
Despite thorough research, it was not always possible to determine the identities of the copyright holders for all illustrations. Justified claims will be honored in the customary manner.

Dieser Katalog erscheint anlässlich der Ausstellung
Alfred Schmela zum 100. Geburtstag
Kunstsammlung Nordrhein-Westfalen Düsseldorf
Schmela Haus
24.11.2018–20.1.2019

This publication was published to accompany the exhibition
Alfred Schmela: A Centenary Exhibition
Kunstsammlung Nordrhein-Westfalen Düsseldorf
Schmela Haus
November 24, 2018–January 20, 2019

Katalog / Catalogue

Herausgeberinnen / Editors
Susanne Gaensheimer, Doris Krystof, Linda Walther

Redaktion / Editing
Cordula Frevel, Linda Walther

Projektmanagement / Project Management
Cordula Frevel

Übersetzung / Translation
Sarah Franke

Lektorat / Copyediting
Susann Harring (Deutsch / German)
Sarah Quigley (Englisch / English)

Projektmanagement / Project Management
Kerber Verlag
Verena Simon

Satz und Gestaltung / Typesetting and Graphic Design
Adeline Morlon

Gesamtherstellung und Vertrieb / Printed and published by
Kerber Verlag, Bielefeld
Windelsbleicher Str. 166–170
33659 Bielefeld
Germany
Tel. +49 (0) 5 21/9 50 08-10
Fax +49 (0) 5 21/9 50 08-88
info@kerberverlag.com

Kerber, US Distribution
ARTBOOK / D.A.P.
75 Broad Street, Suite 630
New York, NY 10004
T: +1 (212) 627-1999
F: +1 (212) 627-9484

KERBER Publikationen sind weltweit in ausgewählten Buchhandlungen und Museumsshops erhältlich (Vertrieb in Europa, Asien, Süd- und Nordamerika). / KERBER publications are available in selected bookstores and museum shops worldwide (distributed in Europe, Asia, South and North America).

Die Deutsche Nationalbibliothek verzeichnet diese Publikation in der Deutschen Nationalbibliografie; detaillierte bibliografische Daten sind im Internet über http://dnb.dnb.de abrufbar.
The Deutsche Nationalbibliothek lists this publication in the Deutsche Nationalbibliografie; detailed bibliographic data are available on the Internet at http://dnb.dnb.de.

Umschlagabbildung / Cover Illustration
Alfred Schmela, Galerist, Düsseldorf 1965, Porträt © Adolf Clemens, Münster / Im Hintergrund Kenneth Noland © VG Bild-Kunst, Bonn 2018

ISBN 978-3-7356-0546-7 (Verlagsausgabe / Trade Edition)
ISBN 978-3-941773-49-3 (Museumsausgabe / Museum Edition)

www.kerberverlag.com

Printed in Germany

Ausstellung / Exhibition

Kuratorinnen / Curators
Lena Brüning, Doris Krystof, Linda Walther

Ausstellungsmanagement / Exhibition Manager
Charlotte Wagner-de Souza Silveira

Registrar / Registrars' Department
Katharina Nettekoven, Johanna Eßer

Restaurierung / Conservation
Otto Hubacek, Elena Fernandez-Vegue, Sven Kamp, Anne Skaliks, Susan-Marie Spörl, Andreas Volkmer

Medientechnik / Media Technology
Jens Müller, Oswin Schmidt

Ausstellungsaufbau / Exhibition Construction
Bernd Schliephake, Bernd Strauchmann, Thomas Hoppe, Frank Mankel, Ingo Lanninger

Kommunikation und Presse / Communication and Media
Gerd Korinthenberg, Cornelia Heising, Meike Lotz, Alissa Krusch, Marita Rowlands, Judith Winterhager

Stiftung Kunstsammlung Nordrhein-Westfalen, Düsseldorf

Vorstand / Board of Directors:
Susanne Gaensheimer, Bianca Knall

Direktorin / Director:
Susanne Gaensheimer

Kaufmännische Leiterin / Commercial Manager:
Bianca Knall

Kuratorische Assistentin der Direktorin / Curatorial Assistant to the Director:
Beatrice Hilke

Direktionssekretariat / Secretarial Assistants to the Director:
Jutta Bock, Arpi Sarkissian

Wissenschaft / Curatorial Department:
Anette Kruszynski
Kathrin Beßen, Dorothee Jansen, Doris Krystof, Isabelle Malz, Susanne Meyer-Büser, Maria Müller-Schareck, Agnieszka Skolimowska, Linda Walther, Katja Winterpagt, Falk Wolf

Bildung / Education:
Julia Hagenberg
Regula Erpenbach, Christine Mittrop, Annika Plank, Lucia Riemenschnitter, Sarah Schmeller, Peter Schüller, Angela Wenzel

Bibliothek / Library:
Henry Vauth
Gesa Krauss, Andreas Peters, Marimba Williamson

Ausstellungsmanagement / Exhibition Management:
Stefanie Jansen
Dagmar Kurtz, Charlotte Wagner-de Souza Silveira

Registrar / Registrars':
Katharina Nettekoven
Johanna Eßer

Restaurierung / Conservation:
Otto Hubacek
Elena Fernandez-Vegue, Sven Kamp, Jessica Völkert-Lunk, Nina Quabeck, Anne Skaliks, Susan-Marie Spörl, Andreas Volkmer

Kommunikation und Presse / Communication and Media:
Gerd Korinthenberg

Vertrieb und Publishing / Sales and Publishing:
Cordula Frevel
Martin Heyer, Alexia Krauthäuser, Roman Majewski, Uta Rottmann, Marion Vogt

Besucherservice / Visitor Service:
Cäcilie Teschner
Nikolaos Kessopoulos, Berthold Struck, Philip Trabert

Marketing und Digitales / Marketing and Digital:
Anne Fischer

Marketing / Marketing:
Cornelia Heising
Marita Rowlands

Digitale Kommunikation / Digital Communication:
Alissa Krusch
Judith Winterhager

Editionen / Editions:
Gabriele Lauser

Verwaltung / Administration:
Klaus-Peter Allenstein, Jürgen Dreßler, Ingo Lanninger, Frank Mankel, Stefan Müller-Stapper, Daniel Vetter

Buchhaltung / Accounting:
Caroline Krump
Susanne Finken, Kerstin Thielo

Vergabe, Einkauf, Recht / Public Procurement, Purchasing, Legal:
Christina Rock
Claudia Fischer-Jaworsky

Stabsstelle Personal / Human Resources: Monika Fischer, Georgia Coutri

Technik / Technical Department:
Bernd Schliephake
Andreas Grella, Thomas Hoppe, Birger Labinsch, Jens Meller, Britta Pfeiffer, Oswin Schmidt, Bernd Strauchmann, Zoltan Ternai

Sicherheit / Security:
Ramon Karbach
Tobias Becker, Dietmar Bütau, Artur Burgner, Lothar Finken, Dirk Fittkau, Andreas Grund, Philipp Grund, Wilfried Humberg, Michael Jaschzyk, Nicholas Robert Johnson, Franz Josef Kleschautzky, Carsten Laaser, Torsten Machtans, Tim Martinitz, Mario Metz, Dominik Nowak, Elvis Selim, Katrin Sondermeier, Michael Stanaszek, Jens Wünsche

ArtPartner Relations GmbH
Sandra Christmann
Jasmin Kreilos, Hannah Wittenberg, Valentina Wolters

Gesellschaft der Freunde der Kunstsammlung Nordrhein-Westfalen e.V.:
Robert Rademacher
Jutta Müller

Stiftung Kunstsammlung Nordrhein-Westfalen
Grabbeplatz 5
40213 Düsseldorf

K20 Grabbeplatz
K21 Ständehaus
Schmela Haus

www.kunstsammlung.de

Gesellschaft der Freunde Kunstsammlung Nordrhein-Westfalen

Medienpartner:

Handelsblatt

Gefördert durch:

Ministerium für Kultur und Wissenschaft des Landes Nordrhein-Westfalen

Alfred Schmelas Showeinlage *Die Deutsche Eiche beim Kettensprengen*, Party in der Wohnung am Luegplatz nach der / Alfred Schmela's interlude *The German Oak Breaking Its Chains*, Party in the apartment at Luegplatz after the ZERO-Demonstration, 1961

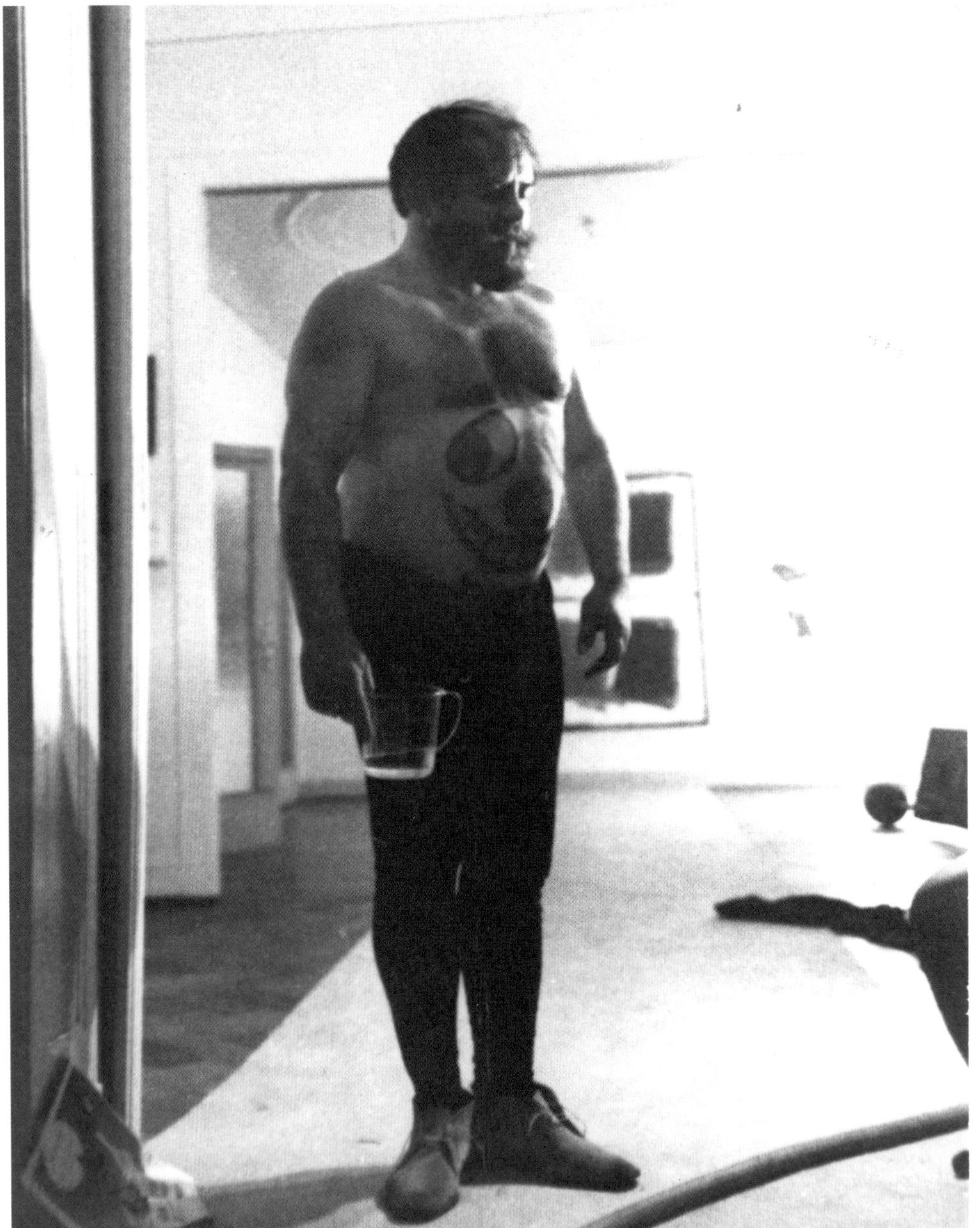